Massy Naimi Zaker

A transformação do sonho americano: Da visão à ilusão

Massy Naimi Zaker

A transformação do sonho americano: Da visão à ilusão

A cultura de consumo americana em O Grande Gatsby, O Diabo Veste Prada, Confissões de uma viciada em compras e Os Jones

ScienciaScripts

Imprint

Cover image: www.ingimage.com

This book is a translation from the original published under ISBN 978-3-659-83101-0.

Publisher:
Sciencia Scripts
is a trademark of
Dodo Books Indian Ocean Ltd. and OmniScriptum S.R.L publishing group

120 High Road, East Finchley, London, N2 9ED, United Kingdom
Str. Armeneasca 28/1, office 1, Chisinau MD-2012, Republic of Moldova, Europe
Printed at: see last page
ISBN: 978-620-8-26091-0

Índice:

Introdução

A indústria cultural engana perpetuamente os seus consumidores naquilo que perpetuamente promete. A nota promissória que, com os seus enredos e encenações, ela extrai do prazer é infinitamente prolongada; a promessa, que é na verdade tudo em que consiste o espetáculo, é ilusória: tudo o que ela confirma é que o verdadeiro ponto nunca será atingido, que o comensal deve ficar satisfeito com o menu. Perante o apetite estimulado por todos esses nomes e imagens brilhantes, não há mais do que um elogio do mundo quotidiano deprimente a que se procurava escapar.

Max Horkheimer e Theodor W. Adorno (qtd. in Conard 144)

Como salienta Mark Conard, os teóricos críticos Max Horkheimer e Theodor W. Adorno, membros-chave da escola de Frankfurt, fizeram uma crítica do capitalismo em geral e da indústria cinematográfica em particular. "Em geral, a escola de Frankfurt marca uma viragem no marxismo do século XX, de uma crítica económica para uma crítica cultural do capitalismo" (Conard 144). Em "The Culture Industry: Enlightenment as Mass Deception", o capítulo mais conhecido de *Dialectic of Enlightenment* (1944), Horkheimer e Adorno apresentam "Hollywood como uma fundação de ilusões" (144). O trabalho da escola de Frankfurt centrou-se "na análise dos efeitos nocivos da cultura comercial do capitalismo, especialmente na medida em que esta assume a forma de cultura de massas" (145). Ou seja, os membros da escola de Frankfurt, em particular Horkheimer e Adorno, tentaram demonstrar que a abundância de mercadorias que o capitalismo produz resulta em enriquecimento material, mas também leva ao empobrecimento cultural (145). "A Indústria Cultural" tenta mostrar que o cinema, com as suas ligações à publicidade comercial, é o equivalente capitalista da propaganda totalitária. Horkheimer e Adorno afirmam que a indústria cinematográfica manipula e até controla o público americano. Dá a aparência de apenas fornecer ao público o que ele quer, mas, na verdade, cria os desejos que afirma estar a satisfazer". Segundo Horkheimer e Adorno, "Hollywood está sempre a impingir produtos indesejados a um público crédulo" (Conard 145). Com base nesta crítica de Hollywood, esta tese procura investigar até que ponto a afirmação de Horkheimer e Adorno é exacta.

Tomando como ponto de partida a visão crítica de Horkheimer e Adorno sobre a indústria cinematográfica, discutirei nesta tese *O Grande Gatsby* (2013), *O Diabo Veste Prada* (2006), *Os Jones* (2009) e *Confissões de uma Shopaholic* (2009). Chamando a nossa atenção para os apelos sedutores e subliminares da publicidade, estes filmes convidam o público a olhar de forma mais crítica para o capitalismo e para a cultura de consumo americana, que afirmam oferecer estatuto social mas, na realidade, fazem das pessoas mercadorias. O primeiro filme é uma adaptação do romance clássico de F. Scott Fitzgerald, *O Grande Gatsby*, de 1925. Neste romance, Fitzgerald satiriza a busca do enriquecimento materialista a que se reduziu o sonho americano. Na adaptação cinematográfica de 2013, dirigida por Baz Luhrmann, a morte de Jay Gatsby, interpretado por Leonardo DiCaprio, demonstra o desaparecimento do sonho americano, que reflecte a obsessão mais permanente dos americanos contemporâneos: o enriquecimento materialista, a ganância e a promessa de possibilidades infinitas e de novos começos, especialmente em valores monetários.

Segundo o *The Daily Telegraph*, o segundo filme, *O Diabo Veste Prada*, é o filme mais caro da história (Whitworth 1). Este filme é sobre até onde se está disposto a ir e quanto se está disposto a sacrificar para alcançar o sonho americano. Para além das marcas de roupa e dos acessórios, marcas conhecidas de automóveis e de café são visíveis ao longo do filme, o que, apesar da sua mensagem crítica evidente, faz deste filme uma grande publicidade a esses produtos. Além disso, *Confessions of a Shopaholic* critica o materialismo e o consumo conspícuo, ao mesmo tempo que funciona como uma grande promoção das indústrias da moda e dos media. O quarto filme, *The Joneses*, é uma sátira que mostra o que aflige a cultura americana. Neste filme, o realizador e argumentista Derrick Borte critica o atual estilo subliminar de marketing na América. Sem se aperceberem, o consumidor e o espetador de cinema estão constantemente a ser alvo de marketing através de campanhas publicitárias e produtos que são demonstrados ao longo do filme.

Significativamente, os quatro filmes sugerem que o consumo leva à corrosão da vida americana. No entanto, há uma contradição irónica entre esta mensagem moral e o objetivo simultâneo dos filmes de entreter o público, e o facto de, ao longo dos filmes, uma variedade de marcas de bens, riqueza e luxo serem promovidas e publicitadas como um estilo de vida glamoroso. Este estilo de vida representa viver o sonho americano. Além disso, a busca desse sonho entra em conflito com a busca da felicidade nos filmes. As mensagens morais indicam que o materialismo excessivo é apenas uma distração para não encontrar a "verdadeira" felicidade. Por isso, as personagens dos filmes precisam de reavaliar as suas prioridades. O conflito entre a busca da "verdadeira" felicidade, por um lado, e a satisfação através do consumo de bens "desnecessários" e da procura de carreiras de prestígio, por outro, é central nos quatro filmes. Apesar do entretenimento e das mensagens morais, os filmes são também um pouco perturbadores, na medida em que estes cenários ficcionais funcionam como um reflexo chocantemente realista do mundo atual. Esta tese argumentará que, embora as mensagens morais no final destes quatro filmes indiquem que o dinheiro e o estatuto social não compram a felicidade, ironicamente, um estilo de vida materialista e a procura de carreiras de prestígio, especialmente por parte das mulheres, são publicitados ao longo dos filmes, o que acaba por reforçar a cultura de consumo e perpetuar o mito excepcionalista do sonho americano.

O primeiro capítulo desta tese aborda brevemente o surgimento e a história da cultura de consumo americana, centrando-se na publicidade. Apresenta também uma panorâmica dos estudos recentes sobre o consumismo e os debates e ideias centrais que estes discutem. Tomando como ponto de partida a teoria do consumo conspícuo de Thorstein Veblen, que foi formulada no final do século XIX, discutirei o trabalho dos críticos culturais dos séculos XX e XXI Max Horkheimer, Theodor W. Adorno, Jackson Lears, William Leach, Sharon Zukin e Adam Curtis sobre o consumismo, centrando-me no papel do género no consumismo em geral e na publicidade em particular. O segundo capítulo apresenta uma discussão sobre o sonho americano tradicional, representado pela ideia de Benjamin Franklin de alcançar o sucesso através do trabalho árduo. Esta discussão constituirá o contexto da minha análise dos quatro filmes no capítulo seguinte. No terceiro capítulo, argumentarei que o sonho americano contemporâneo, tal como representado nos quatro filmes, parece ter mais a ver com ostentação e desempenho do sucesso através do consumo conspícuo do que com a ética do trabalho que é central ao sonho americano tradicional, tal como representado por Franklin. Discutirei a tentação a que as personagens dos filmes têm de resistir, uma vez que estão a ser seduzidas pelo materialismo e pela satisfação temporária, em vez de se concentrarem na procura da felicidade "verdadeira" e duradoura. Este tipo de sedução leva as personagens a escolherem mal as suas prioridades.

No quarto capítulo, discutirei o conflito entre as mensagens morais no final dos quatro filmes e o orçamento, os lucros e os custos de promoção dos filmes, bem como a publicidade de marcas e mercadorias ao longo dos filmes. Defenderei que a própria indústria cinematográfica é um produto do capitalismo e tem como objetivo ganhar dinheiro. Assim, a indústria cinematográfica em geral e estes quatro filmes em particular criam falsas necessidades, que podem ser satisfeitas pelo sistema capitalista. Na segunda parte deste capítulo, abordarei recensões e estudos críticos recentes sobre o consumismo e a publicidade no cinema. Além disso, basear-me-ei também em entrevistas com os realizadores dos filmes e com os autores dos romances em que estes filmes se baseiam, a fim de apontar e encontrar respostas para questões como a forma como os realizadores pretendiam captar a essência do romance no seu filme. Será que os escritores e realizadores criticam o capitalismo também a nível pessoal? O que é que eles pensam da indústria cinematográfica como parte do capitalismo? E como é que pretendem influenciar o público e porque é que isso é importante?

Por fim, esta tese pretende consciencializar o leitor para o poder de sedução dos atractivos superficiais dos filmes, que são causados pela cultura do capitalismo.

Capítulo 1

Consumerism as the New Gospel of Prosperity: O surgimento da cultura de consumo americana

Em *The Century of the Self* (2002), um documentário premiado da televisão britânica, o realizador Adam Curtis investiga as teorias de Sigmund Freud sobre os desejos inconscientes que têm sido utilizados por empresas e governos para controlar as pessoas. O documentário centra-se na forma como o "eu" que tudo consome foi criado, no desenvolvimento das relações públicas e da publicidade e no consumismo moderno no contexto da dinastia Freud. Há cerca de cem anos, Freud, o pai fundador da psicanálise, proclamou uma nova teoria sobre a psique humana. Freud descobriu no final do século XIX que os seres humanos têm impulsos irracionais e não monitorizados, que podem levar os indivíduos e as sociedades ao caos e à destruição se não forem controlados. O sobrinho de Freud, Edward Bernays, utilizou as teorias da psicanálise de Freud, que alteraram a conceção da mente humana, para manipular e "controlar a multidão perigosa numa era de democracia de massas". Isto é, Bernays mostrou às corporações americanas como os consumidores podiam ser levados a desejar produtos de que na realidade não precisavam, ligando os seus desejos inconscientes a bens produzidos em massa. A estratégia de Bernays para influenciar e reger a sociedade através da psicologia das multidões resultou num sistema manipulador de como controlar as massas através da satisfação dos desejos egoístas das pessoas,
"que os tornava felizes e, portanto, dóceis". Foi o início do "eu que tudo consome", que domina o mundo atual" (Curtis).

Como refere Curtis, Bernays foi um pioneiro no domínio da propaganda. No entanto, devido ao facto de os alemães utilizarem esta palavra para este tipo de comunicação, Bernays introduz o termo "relações públicas" para o dissociar da imagem negativa da propaganda que foi causada pelos alemães durante a guerra. Ele acreditava que "se se podia usar a propaganda para a guerra, podia-se usá-la para a paz" (Curtis). Além disso, desde o século XIX que a América se tinha tornado numa sociedade industrial de massas. Bernays perguntava-se como poderia ganhar dinheiro manipulando o inconsciente de milhões de pessoas nas cidades. Para o fazer, voltou-se para a teoria psicanalítica de Freud sobre as forças irracionais no interior da mente humana, que basicamente indicava que a tomada de decisões humanas era muito mais complexa do que se sabia na altura. Bernays ficou fascinado com a teoria de Freud e decidiu fazer experiências com "as classes populares" quando percebeu que podia influenciar as emoções irracionais das pessoas. Como refere Curtis, o primeiro desafio de Bernays foi persuadir as mulheres a fumar porque, na altura, era considerado um tabu, especialmente fumar em público. Acabou por conseguir mudar a imagem negativa das mulheres que fumavam em locais públicos, desafiando o poder masculino. Bernays estava convencido de que, como o tabaco era conhecido como um símbolo do poder sexual masculino, ou "o poder do pénis", as mulheres também desejavam ter poder, em vez de serem submissas ao poder masculino. Por isso, Bernays afirmou que acender um cigarro era o mesmo que segurar uma tocha de liberdade, o que significava que simbolizava a independência do género feminino. Este simples "ato simbólico" levou à aceitação social das mulheres que fumavam em público e, simultaneamente, o número de vendas de cigarros aumentou (Curtis).

Bernays apercebeu-se de que era possível persuadir as pessoas a comportarem-se de forma irracional se os produtos estivessem ligados aos seus desejos e sentimentos emocionais. "A ideia de que fumar tornava as mulheres mais livres era completamente irracional, mas fazia-as sentir-se mais independentes" (Curtis). Esta experiência provou que objectos irrelevantes podiam tornar-se símbolos emocionais e influenciar significativamente a forma como uma pessoa queria ser vista pelos outros. Bernays deu origem à ideia de que uma pessoa não pensa que precisa de roupa, mas que se sentiria melhor com uma determinada peça de roupa, com ênfase no sentimento. Introduziu a ideia de que os consumidores podem ter uma ligação emocional a um produto ou serviço. As ideias de Bernays fascinaram os líderes das empresas americanas e fizeram-nos perceber que tinham de mudar a forma como os americanos pensavam sobre os produtos. Já não era suficiente promover os produtos apenas como funcionais e práticos. Por isso, as empresas investiram na mudança da América de "uma cultura de necessidades para uma cultura de desejos" (Curtis). Eventualmente, uma nova mentalidade foi moldada na América, que indicava que os desejos das pessoas se sobrepunham às suas necessidades. De acordo com Stuart Ewen, um historiador das relações públicas, "Bernays trouxe para a mesa a teoria psicológica de como apelar às massas" (Curtis).

Além disso, o documentário mostra como as técnicas de Bernays para vender produtos às massas se tornaram populares. Desenvolveu a nova técnica de "persuasão do consumidor em massa", que utilizou no início dos anos vinte para ajudar os grandes armazéns e as revistas a atrair mais consumidores e a vender mais produtos. Introduziu a ideia de colocar anúncios, que promoviam produtos de estrelas de cinema famosas, ao lado de artigos em revistas femininas. Foi também "o pioneiro da colocação de produtos em filmes" e da ideia de vestir as estrelas de cinema nas estreias com roupas e jóias de empresas e marcas que estavam a investir nesse filme em particular. Além disso, Bernays organizou desfiles de moda em grandes armazéns e pagou a celebridades para repetirem nos meios de comunicação social afirmações como: não comprem bens só porque precisam deles, mas para mostrarem o vosso eu interior e a vossa identidade aos outros, e tentem exprimir-se melhor com roupas mais bonitas. Em 1927, quando a América se estava a transformar numa "cultura de desejos", "a importância dos cidadãos tinha-se transformado na importância do consumismo" (Curtis). Ou seja, ostentar bens tornou-se uma forma de socialização. As pessoas já não compravam bens para as suas necessidades básicas, mas consumiam produtos e serviços para se sentirem melhor, para ostentarem a sua riqueza e para expressarem a sua identidade através dos bens.

De acordo com o livro *Land of Desire: Merchants, Power and the Rise of new American Culture* (1993) do historiador William Leach, no início do século XIX teve lugar na América um processo de mudança económica, social e cultural: em particular, "a partir da década de 1880, tomou forma uma estética comercial do desejo e da saudade" (Leach 9, 16). Leach indica que esta estética "apareceu em montras, sinais eléctricos, desfiles de moda, anúncios e outdoors; como serviços gratuitos e ambientes de consumo sumptuosos; e como os próprios artefactos ou mercadorias" (Leach 9).

Para além disso, a socióloga Sharon Zukin refere no seu livro *Point of Purchase: How Shopping Changed American Culture* (2004) que, após o advento dos grandes armazéns, começou a era dos bens de consumo, o que alterou a experiência de compra do consumidor (Zukin 19, 20). De acordo com Zukin, "em tempos normais e anormais, fazer compras é tanto uma tarefa tediosa quanto uma preocupação moral. Gostemos ou odiemos, as compras são a nossa vida", mas, mais importante ainda, "as compras estão a consumir as nossas vidas - mas [estão simultaneamente] a trazer-nos menos satisfação": "há mais bens à venda - mas nunca conseguimos encontrar exatamente o que queremos. Cada loja promete felicidade, cada etiqueta garante alta qualidade - mas continuamos a sonhar com o ideal virtuoso: A verdade. Beleza. Valor" (Zukin 2, 7). Com os grandes armazéns, os consumidores passaram a ter à sua disposição uma variedade de bens e promessas de felicidade, tudo num só local, o que resultou numa atividade de lazer popular. Segundo Zukin, as compras são também uma atividade cultural, "porque é normalmente o que fazemos quando 'saímos', as compras são a forma como satisfazemos a nossa necessidade de socializar - de sentir que fazemos parte da vida pública" (Zukin 7). Na viragem do século XX, a cultura americana tinha-se transformado numa cultura de consumo (Leach xiii, Zukin 19, 128).

Por esta altura, o sociólogo e economista Thorstein Veblen introduziu o termo e o conceito de "consumo conspícuo" no seu livro *The Theory of the Leisure Class: An Economic Study of Institutions* (1899), no qual se debruça sobre a irracionalidade do consumo e critica o processo pelo qual as pessoas ricas gastam dinheiro de forma pródiga para exibir o seu poder económico em público e ostentar o seu estatuto social como um desperdício (Veblen 92, 99). Veblen salienta que, devido ao consumo conspícuo de bens, as pessoas da classe alta da sociedade pretendem provocar a inveja e o ciúme de outras pessoas dentro e fora da classe alta. Isto significa que o consumo conspícuo se centra mais na satisfação do desejo de estatuto, de uma reputação poderosa ou da estima dos outros do que na satisfação de necessidades básicas como a alimentação e o abrigo (Veblen 75, 78). Veblen observou que o comportamento social que se desenvolveu no início do século XX era irracional, no sentido em que o consumo e o lazer conspícuos são apenas uma forma de ostentar estatuto e, por isso, desnecessários. Estas actividades social e economicamente "esbanjadoras" não contribuem, segundo Veblen, para a economia ou para a produtividade necessária ao funcionamento da sociedade (Veblen 82). "Mas há outros padrões de reputação e outros cânones de conduta, mais ou menos imperativos, para além da riqueza e da sua manifestação, e alguns deles vêm acentuar ou qualificar o cânone amplo e fundamental do desperdício conspícuo"
(Veblen 91). Zukin sublinha no seu livro que "Veblen e outros escritores estavam perturbados com o que consideravam ser a perda, por parte dos americanos, das suas raízes tradicionais no trabalho e na poupança. Dos barões ladrões da Era Dourada aos imigrantes que chegavam em grande número às costas da América, o país parecia estar mergulhado numa nova preocupação com o consumo", o que resultou numa sociedade gananciosa (Zukin 173).

Significativamente, a análise de Veblen sobre a natureza de uma sociedade industrial em *The Theory of the Leisure Class* provou ser correta ao longo do século XX. A sua crítica a esta nova era de abundância não passou para a aceitação do consumo de massas, enquanto, segundo Zukin, "durante as décadas de 1920 e 1930, muitos economistas, sociólogos e psicólogos" mudaram o seu ponto de vista (Zukin 173). No seu artigo "The Economic Theory of Woman's Dress" (1894), Veblen argumenta que a função do vestido de uma mulher não é apenas proporcionar conforto físico, mas também, e mais importante, "uma aparência respeitável", servindo de "adorno" (Veblen, "Woman's Dress" 199). De acordo com Veblen, o vestido é "um fator económico de alguma importância", porque funciona como "um índice da riqueza de quem o usa ou possui" (Veblen, "Woman's Dress" 200). Numa sociedade patriarcal, em que o homem é o chefe de família, o vestido é "um expoente da riqueza do homem" (Veblen, "Woman's Dress" 200). Como explica Veblen,

Quando a eficiência se traduz em posses, em força pecuniária, como acontece eminentemente no sistema social do nosso tempo, a base da atribuição de consideração social torna-se a força pecuniária visível da unidade social. O índice imediato e óbvio da força pecuniária é a capacidade visível de gastar, de consumir improdutivamente; e os homens cedo aprenderam a evidenciar a sua capacidade de gastar exibindo bens dispendiosos que não proporcionam qualquer retorno ao seu proprietário, quer em conforto, quer em ganho. Quase tão cedo se estabeleceu uma diferenciação, pela qual se tornou função da mulher, num grau peculiar, exibir a força pecuniária da sua unidade social por meio de um consumo conspicuamente improdutivo de bens valiosos.

(Veblen, "Woman's Dress" 200).

Esta passagem continua a ser correta nos dias de hoje, no século XXI, em que consumidores de qualquer classe social e económica compram mercadorias para demonstrar a última moda de vestuário, independentemente da gama de preços. Além disso, Zukin salienta que, segundo Veblen, as mulheres são simultaneamente sujeitos e objectos de consumo conspícuo. "Com um olhar de antropólogo, [Veblen] explicou como as mulheres em quase todas as sociedades são troféus de estatuto para os homens que as perseguem. No entanto, nos tempos modernos", indica Zukin, "as próprias mulheres são compradoras de estatuto; selecionam, cuidam e exibem de forma conspícua os produtos de consumo, desde tecidos para cortinados a vestidos de luxo, que determinam a posição social da sua família" (Zukin 173). Além disso, o consumo conspícuo nos séculos XX e XXI assume a forma de compra de jóias, carros caros, smartphones e muito mais. Os produtos de luxo são comprados e usados para demonstrar a capacidade do proprietário de gastar dinheiro em bens desnecessários. As afirmações e teorias de Veblen sobre o consumo conspícuo explicam a psicologia de uma sociedade de consumo e o desenvolvimento desta sociedade na crença e consideração do consumo conspícuo como necessário. Além disso, como Curtis salienta no seu documentário, Edward Bernays, através dos meios de comunicação social e da teoria da psicanálise de Freud, fez com que a sociedade de consumo americana acreditasse que o consumo conspícuo era mais do que uma forma de exibir a força pecuniária de uma pessoa; era antes uma forma de expressar o eu interior, uma identidade pessoal e, na verdade, de demonstrar a classe social do consumidor.

Independentemente das estratégias extraordinárias e manipuladoras de Bernays para (mal)usar a mente dos consumidores, sem o uso da publicidade e das relações públicas as ideias psicanalíticas teriam sido menos influentes. De facto, Bernays combinou a publicidade com os meios de comunicação social porque acreditava que estes meios seriam mais eficazes na manipulação da opinião pública. Como referi anteriormente, Bernays utilizou esta técnica para tornar socialmente aceitável o facto de as mulheres fumarem em público (Curtis). Pode dizer-se que as empresas utilizam a publicidade para manipular o consumidor ou pode dizer-se que a publicidade é essencialmente informativa (Zukin 170). Sharon Zukin cita o jornalista e crítico social americano Vance Packard, que defende que os publicitários são "persuasores ocultos" ou os "capitães da consciência que tentam manipular as mentes dos consumidores através do marketing" (qtd. in Zukin 171). O economista John Kenneth Galbraith, que partilha a mesma opinião de Veblen sobre o consumo conspícuo, salienta no seu livro *The Affluent Society* (1958)

A ligação direta entre a produção e os desejos é proporcionada pelas instituições da publicidade e da venda modernas. Estas não podem ser conciliadas com a noção de desejos determinados independentemente, pois a sua função central é criar desejos - trazer à existência desejos que anteriormente não existiam. ... Um novo produto de consumo deve ser introduzido com uma campanha publicitária adequada para despertar o seu interesse (Galbraith 127).

Galbraith concorda com Veblen na teoria de que o consumo conspícuo é desnecessário. Como ele argumenta, "o facto de os desejos poderem ser sintetizados pela publicidade, catalisados pelos vendedores e moldados pelas manipulações discretas dos persuasores mostra que não são muito urgentes. Um homem que tem fome nunca precisa de ser informado da sua necessidade de comida. Se for inspirado pelo seu apetite, é imune à influência dos Srs. Batten, Barton, Durstine & Osborn" (Galbraith 129). Estes nomes mencionados referem-se à rede mundial de agências de publicidade BBDO, que ainda hoje opera.

Ao contrário de Galbraith, alguns economistas rejeitam o ponto de vista de Veblen sobre o consumo conspícuo como desnecessário. Alguns acreditam que a publicidade deve ser considerada como um meio que fornece aos consumidores informações sobre os bens disponíveis. Por exemplo, os economistas Gary Becker e George Stigler argumentam que "os gostos não mudam caprichosamente nem diferem significativamente entre as pessoas" (Stigler e Becker 76). Além disso, alegam que

não é necessário nem útil atribuir à publicidade a função de alterar os gostos. Um consumidor pode receber indiretamente a utilidade de um bem de mercado, mas a utilidade depende não só da quantidade do bem, mas também do conhecimento que o consumidor tem das suas propriedades verdadeiras ou alegadas. Se não souber se as bagas são venenosas, não são um alimento; se não souber que contêm vitamina C, não são consumidas para evitar o escorbuto. A quantidade de informação é uma noção complexa: o seu grau de precisão, as suas propriedades multidimensionais, a sua obsolescência variável com o tempo são qualidades que tornam a medição direta da informação extremamente difícil (Stigler e Becker 84).

No entanto, esta teoria depende fortemente da forma como a informação é apresentada. No caso de Bernays, que utilizou técnicas psicanalíticas manipulativas em benefício do comércio, não se limitou a fornecer ao consumidor informações sobre a eficiência, a função e os benefícios de um determinado produto, mas convenceu e persuadiu o consumidor também com as consequências emocionais e a imagem que viria junto com as mercadorias compradas. Para tal, recorria a terceiros, como celebridades, modelos, políticos populares, médicos e outros, que apareciam em anúncios e campanhas com recomendações e partilhavam experiências pessoais que tinham tido com determinados produtos ou estilos de vida (Curtis).

Segundo Zukin, os políticos sempre encorajaram os consumidores "a comprar produtos importados para manter as empresas americanas à tona e manter o papel de liderança do país na economia mundial" (Zukin 15). A autora salienta que os economistas e os políticos sempre atribuíram importância às compras e ao consumo em geral.

Na década de 1930, os governos de todo o mundo, a começar pelo Presidente Franklin D. Roosevelt nos Estados Unidos, adoptaram o ponto de vista keynesiano de que gastar, em vez de poupar, ajudaria a combater as economias industriais da Grande Depressão. A oferta de bens, aumentada rápida e enormemente pela concorrência descoordenada da produção em massa, poderia ser absorvida de forma mais eficiente através do aumento da procura por todos os meios possíveis. Nos anos quarenta, esse meio foi encontrado - de forma eficiente mas cruel - nas gigantescas máquinas de guerra com que as economias industriais combateram a Segunda Guerra Mundial. Desde que a guerra terminou, em 1945, um meio mais gentil, mas nem sempre mais eficiente, de aumentar a procura de bens transferiu a responsabilidade das mãos do governo para as dos consumidores (Zukin 14,15).

Como sugere Zukin, a cultura de massas americana baseia-se mais ou menos na crença de que fazer compras contribui positivamente para o país e, por conseguinte, é um dever patriótico (Zukin 14). Esta mensagem é difundida e repetida pelos políticos e respectivas campanhas políticas, músicos, anúncios e meios de comunicação social (Zukin 17). Entretanto, o consumo continua a alimentar a economia e os novos empresários continuam a encontrar formas de persuadir os consumidores a continuarem a comprar. "Entre os anos sessenta e os anos oitenta, lojas, fabricantes e jornalistas promoveram uma vasta gama de produtos de marca, incluindo ténis e brinquedos, para satisfazer os nossos desejos de identidade individual, estatuto social e sentido de pertença a uma cultura nacional" (Zukin 15). Desde os anos oitenta, considera-se que o consumismo é responsável por dois terços do crescimento económico nacional e não há dúvida de que esta percentagem tem aumentado desde então. Segundo Zukin, em 1987, os Estados Unidos tinham mais centros comerciais do que escolas secundárias. Além disso, salienta que a quantidade de espaço comercial por pessoa quadruplicou nos últimos trinta anos; "grandes cadeias de retalho como a Wal-Mart, a Target, a Home Depot e a The Gap estão a construir lojas cada vez maiores - até 200.000 e mesmo 300.000 pés quadrados" (Zukin 16). Significativamente, a artista concetual Barbara Kruger fez uma obra de arte nos anos 90 com o slogan "I shop therefore I am" (qtd. in Zukin 17). É evidente que a América se tornou uma nação de compradores. Mas quem são exatamente esses compradores?

Durante a época de ouro dos grandes armazéns, que decorreu entre 1880 e 1920, muitos homens e mulheres mudaram a experiência de compra, juntamente com muitos materiais que transformaram os espaços comerciais numa atração especial. Isto quer dizer que

vidros laminados, luzes eléctricas e construção de átrios fizeram com que as lojas parecessem maiores e mais espectaculares.... A profusão de produtos, trazidos de todo

o lado e empilhados em expositores luxuosos, fez com que "apenas olhar" para a mercadoria fosse um passatempo popular... A existência de espaços seguros, como casas de banho e salões de chá, tornou as compras mais convenientes para as mulheres que não se sentiam à vontade para andar sozinhas em público.
As contas de débito tornavam as compras especialmente convenientes para as mulheres que dispunham de uma boa quantidade de lazer e de dinheiro, embora ainda sob o controlo do marido ou do pai (Zukin 20).
No entanto, esta atração especial e o lazer constituem o que Veblen criticou como um processo de desperdício. Além disso, indicou que as mulheres desempenham um papel importante numa sociedade de consumo. Veblen salienta que, em todas as sociedades, as mulheres são consideradas troféus de estatuto, um prémio, para os homens (Zukin 173).

... a maior abstinência das mulheres deve-se, em parte, a uma convencionalidade imperativa; e esta convencionalidade é, de um modo geral, mais forte onde a tradição patriarcal - a tradição de que a mulher é um bem móvel - se manteve com maior vigor. Num sentido que tem sido muito qualificado em termos de alcance e rigor, mas que ainda não perdeu de modo algum o seu significado, esta tradição diz que a mulher, sendo um bem móvel, deve consumir apenas o que é necessário para o seu sustento, - exceto na medida em que o seu consumo adicional contribua para o conforto ou a boa reputação do seu senhor (Veblen 71,72).

No entanto, o papel das mulheres mudou ao longo da história americana e, como argumenta Zukin, no século XXI, as próprias mulheres transformaram-se de troféus de estatuto, como diria Veblen, em "compradoras de estatuto" (Zukin 173). No entanto, as suas selecções e inspirações provêm dos meios de comunicação social em geral e das revistas em particular. De acordo com Zukin, muitas revistas contribuíram para esta nova preocupação com o consumo e publicitaram a ideia de que "os bens de consumo são uma fonte de prazer e de conveniência "100 Revistas populares como *Woman's Home Campaign, Ladies' Home Journal* e *Good Housekeeping*, que começaram a escrever para um público de classe média por volta de 1900", forneciam informações objectivas sobre produtos de consumo (Zukin 174). No entanto, com a combinação de artigos, colunas editoriais e anúncios, as estratégias de persuasão tinham começado (Zukin 174). Essas estratégias de persuasão foram refinadas pelas tácticas de manipulação de Edward Bernays, que ele desenvolveu a partir das teorias de Freud, como Curtis assinala no seu documentário. "Eles [os editores da revista] desenvolveram a abordagem de praticidade, 'inside dope' e propriedade sobre bens de consumo que nos é familiar nas revistas de estilo de vida actuais. Tipicamente, um artigo nos anos vinte instruía os leitores sobre as vantagens de um frigorífico em relação a uma arca frigorífica, enquanto um anúncio próximo a frigoríficos da General Electric reforçava o ponto" (Zukin 174). Isto é considerado uma parceria estratégica ou, de acordo com Zukin, um dos primeiros exemplos de "marketing cruzado" (Zukin 175).

Embora as revistas afirmem ser "um corretor honesto" ou estritamente imparcial, mediando entre produtores e consumidores, o facto é que, sem o apoio financeiro dos anúncios, não poderiam tornar-se populares ou manter o seu estatuto (Zukin 174). O publicitário James Collins enfatizou este ponto de vista em 1907 quando afirmou:

Continua a existir a ilusão de que uma revista é um periódico em que a publicidade é acessória. Mas nós não olhamos para ela dessa forma. Uma revista é simplesmente um dispositivo para induzir as pessoas a ler publicidade. É um grande folheto com dois departamentos - entretenimento e negócios. O departamento de entretenimento encontra histórias, imagens, versos, etc. para interessar o público. O departamento de negócios faz o dinheiro (qtd. In Lears 201).

Além disso, os editores consideravam as suas revistas como guias do consumidor. De acordo com Zukin, estes guias do consumidor afirmam ter aliviado a ansiedade que os consumidores sentem quando confrontados com "a vasta e sempre mutável gama de bens e serviços no mercado" (Zukin 195). Zukin cita o crítico literário Terry Eagleton, que afirma,

as pessoas são afastadas pela ideologia e o dinheiro e o estatuto social estão em jogo. Em alturas como esta, então, um guia do consumidor não é apenas um guia de bens; é um guia para o desejo de normas claras, precisas e transparentes na esfera pública. Lemos guias do consumidor porque queremos conciliar os nossos desejos individuais com os nossos sonhos colectivos (qtd. in Zukin 196).

Alguns podem precisar de orientação para responder às suas necessidades numa época em que o consumo é tão definidor, mas outros podem considerá-lo como falta de liberdade de escolha, uma sociedade em que tudo é decidido pelo consumidor. Horkheimer e Adorno afirmam que as influentes revistas americanas *Life* e *Fortune* fornecem imagens e textos de anúncios que dificilmente se distinguem do editorial. "A reportagem fotográfica entusiasta e não remunerada sobre os hábitos de vida e o asseio pessoal das celebridades, que lhes granjeia novos fãs, é editorial, enquanto as páginas de publicidade se baseiam em fotografias e dados tão factuais e realistas que representam o ideal de informação a que a secção editorial apenas aspira" (Horkheimer e Adorno 132). A publicidade funciona como um truque, um efeito especial para persuadir o consumidor dentro do leitor da revista. De acordo com os intelectuais da Escola de Frankfurt, os filmes, a rádio e as revistas formam um sistema dentro de uma cultura que está a infetar tudo com a mesmice. "Cada ramo da cultura é unânime em si mesmo e todos são unânimes em conjunto" (Horkheimer e Adorno 94). Trata-se, portanto, de meios de comunicação de massa, que fazem parte do sistema capitalista que depende da contribuição pecuniária dos consumidores para a economia, a fim de manter a sua constituição capitalista.

De acordo com William Leach, todos os indivíduos querem criar a sua própria identidade, o seu "eu" desejado. Na cultura americana, os indivíduos procuram encontrar essa autoimagem através da compra e da posse de objectos materiais. *A Terra do Desejo*, que se refere à América, é um lugar na mente onde cada um pode criar o seu verdadeiro "eu". Leach salienta que esta "terra do desejo" é criada pelos meios de comunicação social e pelos publicitários, que se consideram homens de negócios, e que estes publicitários passaram a apreciar a utilização da psicologia, da literatura, dos meios de comunicação social e da arte para criar uma imagem em torno de um produto. Desta forma, procuram convencer os potenciais compradores de que os seus produtos anunciados podem ajudar a estabelecer um estilo de vida bem desejado para cada indivíduo. Além disso, Leach argumenta que a publicidade sempre se baseou mais em apelos emocionais do que no fornecimento de informações. Também aumentou o fosso entre a promessa e a realidade, o que caracteriza o entrelaçamento da cultura e da mercadoria (Leach 114, 115).

Além disso, em *Land of Desire*, Leach apresenta a ligação entre apelos emocionais, religião e capitalismo através da apresentação de John Wanamaker, fundador de uma das primeiras grandes cadeias de grandes armazéns da América. Wannamaker era um cristão devoto que treinou os seus empregados para usarem o modelo do Bom Samaritano no seu trabalho, o que significa dar a outra face a qualquer cliente para o fazer sentir como um convidado de honra. O seu modelo foi um sucesso tal que, ainda hoje, quando um cliente entra numa loja, espera o melhor tratamento e acredita na política "o cliente tem sempre razão". Wanamaker deu início ao primeiro modelo de serviço ao cliente, que é evidentemente uma utilização bem sucedida da psicologia. Para além disso, Leach cita o historiador holandês Johan Huizinga, que notou as semelhanças entre os serviços ao cliente e os ideais dos cristãos. "O serviço teve origem no passado cristão medieval, escreveu Huizinga, quando as pessoas criaram tradições de hospitalidade e trabalharam para o benefício público por motivos religiosos. Mas os americanos romperam com esta herança religiosa mais antiga, embora no seu melhor ainda mantivessem o espírito de serviço. Defendiam um 'novo serviço', uma espécie de cristianismo secular" (Leach 115116).

De acordo com Leach, a manipulação da mente do consumidor está profundamente enraizada na sociedade americana, na "terra do desejo", e é sobretudo representada pelos grandes armazéns, onde as mercadorias são expostas de uma determinada forma para estimular o consumidor (Leach 30, 31). A manipulação por parte dos publicitários, dos meios de comunicação social, as declarações de personalidades populares, os desenhos arquitectónicos dos grandes armazéns e a variedade de produtos disponíveis nas lojas alteraram permanentemente a cultura, os valores e as formas de pensar dos americanos. O desejo criado de procurar e obter uma identidade única e um verdadeiro eu introduziu noções de conforto e criou a moda e o luxo para exprimir o eu. Estes são os desejos que antes tinham sido suprimidos pela tradição puritana, mas que agora encontraram uma "terra" onde se podem realizar (Zukin 15, 19, 20, 173).

Além disso, é importante salientar que só na década de 1920 é que as grandes influências da transformação cultural da América se tornaram visíveis e aparentes para os americanos (Leach 76, Zukin 19). Durante esse período, a cultura de consumo começou a desenvolver-se plenamente na vida americana. Antes e durante a Guerra Mundial, a transformação cultural tinha começado, mas foi depois da guerra que se aceleraram as décadas de inovação industrial, o desenvolvimento dos meios de comunicação de massas americanos, as técnicas de publicidade, os grandes armazéns, os planos de crédito e muitas outras inovações destinadas a encorajar as compras dos consumidores (Leach 3, Zukin 22, 123, 124). Assim, produziu-se a impressão do nascimento de uma nova ordem social, que seria muito diferente da sua antecessora (Zukin 20).

Como Leach argumenta, uma vez que o capitalismo e o consumismo se espalharam e continuam a espalhar-se por todo o mundo, é "urgente compreendermos como é que ele [o consumismo] surgiu e o que é que se ganhou, perdeu ou reprimiu nesse processo. É urgente para nós ver esta cultura como uma criação histórica limitada no tempo, especialmente se tivermos dúvidas sobre ela, se quisermos mudá-la ou se tivermos como objetivo rejeitá-la completamente" (Leach xiv).

Capítulo 2
A transformação do sonho americano do idealismo moral para o materialismo e o consumismo

O termo [sonho americano] parece ser o componente mais elevado e mais imediato da identidade americana, um direito de nascença muito mais significativo e convincente do que termos como "democracia", "Constituição" ou mesmo "Estados Unidos".

(Cullen 5)

Este capítulo apresenta uma análise da representação do sonho americano nos filmes *O Grande Gatsby, O Diabo Veste Prada, Confissões de uma Viciada em Compras* e *Os Jones*. No entanto, primeiro passo em revista a história do sonho americano, que foi definido de diferentes formas ao longo da história americana. Traçarei a transformação da noção tradicional do sonho americano, representada por Benjamin Franklin e Abraham Lincoln, que acreditavam na mobilidade ascendente e na capacidade de moldar o próprio destino através do trabalho árduo e da dedicação, num sonho de materialismo, autossuficiência económica, prestígio profissional e consumismo.

A obra *Democracia na América*, de Alexis de Tocqueville, explora a cultura americana na perspetiva de um aristocrata francês e fornece uma visão da ordem democrática emergente nos EUA, que ele observou no início do século XIX. Uma das principais caraterísticas da mentalidade democrática da América é o individualismo, que ele descreve como "um sentimento maduro e calmo, que dispõe cada membro da comunidade a separar-se da massa dos seus semelhantes e a afastar-se com a sua família e os seus amigos; de modo que, depois de ter formado assim um pequeno círculo só seu, deixa de bom grado a sociedade em geral entregue a si própria" (Tocqueville 119). Estes indivíduos isolados a que Tocqueville se refere

Não devem nada a ninguém, não esperam nada de ninguém; adquirem o hábito de sempre se considerarem sozinhos, e são capazes de imaginar que todo o seu destino está em suas mãos. Assim, a democracia não só faz com que cada homem esqueça os seus antepassados, como esconde dele os seus descendentes e separa os seus contemporâneos; atira-o para sempre para cima de si próprio e ameaça, no fim, confiná-lo inteiramente na solidão do seu próprio coração (Tocqueville 121).

Este conceito de individualismo tem as suas raízes no sonho americano, que se tornou uma caraterística essencial da identidade americana e que, segundo Jim Cullen, se tornou um "lema nacional" devido à sua preservação pelos meios de comunicação social. Cullen define o sonho americano como a crença de que "tudo é possível se o quisermos suficientemente". Ele argumenta que o sonho americano como termo "parece ser o componente mais elevado e mais imediato da identidade americana, um direito de nascença muito mais significativo e convincente do que termos como "democracia", "Constituição" ou mesmo "Estados Unidos"" (Cullen 5).

James Truslow Adams, que, segundo Cullen, cunhou a expressão "sonho americano", descreveu o sonho em *The Epic of America* (1931):

[O sonho americano de uma vida melhor, mais rica e mais feliz para todos os nossos cidadãos de todas as classes sociais, que é o maior contributo que demos para o pensamento e o bem-estar do mundo. Esse sonho ou esperança esteve presente desde o início. Desde que nos tornámos uma nação independente, cada geração assistiu a uma revolta de americanos comuns para salvar esse sonho das forças que pareciam estar a esmagá-lo e a dissipá-lo (Adams viii).

Além disso, Adams salienta que "se a América representou algo de único na história do mundo, foi o sonho americano, a crença no homem comum e a insistência em que ele tenha, tanto quanto possível, oportunidades iguais em todos os aspectos às do homem rico" (Adams 135). Essa crença é definida na frase mais famosa da Declaração de Independência: "Todos os homens são criados iguais, são dotados pelo seu Criador de certos direitos inalienáveis, entre os quais a vida, a liberdade e a busca da felicidade." Estas palavras representam a promessa de liberdade que os Estados Unidos acalentam, ou, como diz Cullen, são a "carta do sonho americano" (Cullen 59).

Estas interpretações e definições do sonho americano demonstram que os americanos vêem o sonho americano como a capacidade de passar da pobreza ao sucesso e à riqueza, criando e alcançando uma vida melhor e, segundo Tocqueville, com a menor ajuda possível do exterior. Na América, o indivíduo pode progredir da pobreza à riqueza, independentemente de restrições financeiras ou raciais. Uma das personificações mais conhecidas do sonho americano e da capacidade de passar da pobreza à riqueza é Benjamin Franklin. Foi um dos Pais Fundadores dos Estados Unidos, ajudou Thomas Jefferson a redigir a Declaração de Independência, co-escreveu e assinou a Constituição dos EUA, esteve envolvido no tratado de paz que pôs fim à Revolução Americana e, como reconhecimento do seu serviço à nação, o seu retrato está impresso na nota de cem dólares. No entanto, também inventou um fogão eficiente, fez experiências com eletricidade e relâmpagos e considerava-se mais um cientista do que um pensador político. A sua autobiografia demonstra esta auto-identificação e estabelece de forma literária o exemplo da realização do sonho americano. A sua autobiografia centra-se no desenvolvimento intelectual de Franklin, que lhe permitiu tornar-se um dos adultos mais admirados e bem sucedidos da América, apesar das suas origens obscuras. Ele apresentou o modelo do indivíduo comum que pode tornar-se importante e bem sucedido através do trabalho árduo. Por isso, a história da sua vida tornou-se o protótipo do sonho americano de mobilidade ascendente e, em particular, da capacidade de moldar o próprio destino (Cullen 97).

A *Autobiografia* de Franklin, que é dirigida ao seu filho, tornou-se a narrativa por excelência do sucesso e da mobilidade ascendente. Segundo Cullen, "histórias de transformação através da educação, ou de pessoas com recursos modestos que triunfaram nas artes, no desporto ou noutros domínios da aspiração humana" são consideradas histórias de sucesso de indivíduos que subiram na vida (Cullen 60). A mobilidade ascendente era medida, como refere Cullen, através da "autossuficiência económica, uma profissão segura e estimada (por exemplo, o ministério) e o lazer para seguir uma carreira política", o que não era possível para todos os americanos com mobilidade ascendente (Cullen 61). Franklin escreve na sua *Autobiografia* que "emergiu da pobreza e obscuridade em que nasci e fui criado, para um estado de afluência e algum grau de reputação no mundo, e tendo ido tão longe na vida com uma parte considerável de felicidade, os meios conducentes de que fiz uso, que com a bênção de Deus tão bem sucedidos, a minha posteridade pode gostar de saber, pois pode achar alguns deles adequados à sua própria situação e, portanto, adequados para serem imitados" (Franklin 5). Esta passagem afirma o sucesso e as realizações de Franklin e sugere que podem ou devem ser imitados. A narrativa da vida de Franklin e sua carreira de sucesso lhe renderam a reputação de self made man, termo cunhado por Henry Clay, que declarou: "We are a nation of self-made men" (qtd. in Cullen 69). Franklin é, sem dúvida, considerado o mais conhecido self-made man.

Outro exemplo antigo de um self-made man é Abraham Lincoln. Lincoln é "amplamente considerado como o maior americano.... Embora a carreira de Lincoln seja tipicamente entendida em termos do fim da escravatura ou da preservação da União, [Cullen argumenta] que para ele [Lincoln] ambos eram meios para um fim maior: sustentar o sonho americano. A ascensão de Lincoln da obscuridade ao topo da carreira americana

A sua vida - e, em particular, a clareza implacável com que acabou por compreender o sonho que encarnava - faz dele uma lente única e atraente para compreender as possibilidades e os limites da mobilidade ascendente" (Cullen 8).

Segundo Cullen, ainda mais do que Franklin, Lincoln encarnou literalmente a ascensão dos trapos ao mais alto cargo da nação. De acordo com Cullen, "não há ninguém maior ou tão vitoriosamente autodidata como Lincoln" (Cullen 69). Lincoln demonstrou as possibilidades do sonho americano através do seu percurso de vida, desde que cresceu como rapaz de uma quinta no Kentucky até se tornar o presidente mais popular da nação. Ainda jovem, teve vários empregos, como agrimensor, chefe dos correios locais e, por fim, capitão da milícia do Illinois durante a Guerra dos Falcões Negros, o que lhe abriu caminho para a advocacia e, mais tarde, para a carreira política que resultou na sua eleição para a Presidência (Cullen 77).

Tanto Franklin como Lincoln são protótipos de homens que se fizeram a si próprios, que vieram de uma família pobre e, contra todas as probabilidades, transcenderam o estatuto social herdado, criaram uma nova identidade, tornaram-se membros valiosos da sociedade americana e dedicaram as suas vidas ao serviço público. As suas narrativas da trapaça à riqueza realçam o aspeto moral do sonho americano. Como salienta Cullen, Lincoln entendia que a essência do sonho americano de mobilidade ascendente era um projeto ético: "a Declaração de Independência afirmava a verdade de que a Boa Vida era boa no sentido de o fazer [não só desfrutar da boa vida, mas também praticar boas acções e trabalhar arduamente] de uma forma moralmente legítima" (Cullen 89). Para além disso, Lincoln reconheceu que o sucesso e a mobilidade não dependiam da interferência do exterior e que qualquer pessoa tinha possibilidades infinitas. Afirmou: "Lembrem-se também de que a vossa própria determinação em ter êxito é mais importante do que qualquer outra coisa" (Cullen 79). A determinação de Lincoln em ser bem sucedido catapultou-o para um self-made man que possuía os "meios para articular os parâmetros de um sonho americano poderoso, embora não omnipotente" (Cullen 80). A filosofia de Franklin é bastante semelhante e enfatiza a perfeição moral e a virtude: como ele escreve, "Eu gostaria de viver sem cometer nenhuma falha em nenhum momento" (Franklin 76). *A Autobiografia* de Franklin conta a sua história de vida, mas também serve como um instrumento educativo, que orienta o leitor para uma vida melhor. A segunda parte funciona como um livro de autoajuda, contendo uma lista de virtudes e seus preceitos, nos quais Franklin acreditava e tentou viver ao longo de sua vida. Assim, Franklin e Lincoln dão o exemplo da realização do sonho americano, demonstrando as possibilidades de vida no Novo Mundo através da sua própria ascensão da classe média baixa para uma posição de sucesso e admiração no mundo. O facto de a busca do sonho americano, tal como encarnado por Franklin e Lincoln, ser essencialmente um esforço moral é indicado pelo termo "o Credo Americano - uma série de ideais partilhados que, tal como a Declaração de Independência, ajudaram a definir o sonho americano no imaginário popular" (Cullen 8).

Como salienta Cullen, "para além de uma crença abstrata na possibilidade, não existe *um* Sonho Americano". De facto, há muitos Sonhos: "transformação religiosa, reforma política, sucesso escolar, expressão sexual", entre outros (Cullen 7). Contudo, nos Estados Unidos contemporâneos, o sonho americano é "tipicamente entendido em termos de progresso económico e/ou social" e não nos termos morais que Franklin e Lincoln utilizaram para o definir (Cullen 7, 8). Quase todas as noções ou interpretações do sonho americano estão de alguma forma ligadas ao progresso económico e à independência. Ou seja, atualmente, num país democrático, "a vida, a liberdade e a procura da felicidade" têm um preço. É preciso dinheiro para comprar bens, alguns dos quais não só proporcionam a sobrevivência, mas também a liberdade de agir e de se divertir. A possibilidade de viver como se deseja e ter a liberdade de ser quem se quer ser pode resultar em felicidade. Cullen usa como exemplo a crise financeira de 1837 nos Estados Unidos, também conhecida como o Pânico de 1837. Esta crise foi resolvida com a expansão dos Estados Unidos para oeste, que deu origem a uma enorme expansão económica. A expansão geográfica e económica levou a uma ênfase nos aspectos económicos do sonho americano. Criou a esperança e a motivação para criar uma vida melhor e prometeu um avanço financeiro, devido ao conceito relacionado e bem conhecido de Destino Manifesto, a crença de que os colonos estavam destinados a ir para oeste para redimir e reconstruir o país (Cullen 140-142). John L. O'Sullivan, um democrata e editor influente, cunhou a frase Destino Manifesto. Ele escreveu:

.. o direito do nosso destino manifesto de espalhar e possuir todo o continente que a Providência nos deu para o desenvolvimento da grande experiência de liberdade e desenvolvimento federativo do governo autónomo que nos foi confiado. É um direito, tal como o da árvore, ao espaço aéreo e terrestre adequado à plena expansão do seu princípio e destino de crescimento (qtd. in Brinkley 352).

Nesta passagem, O'Sullivan explica o desejo de movimento e expansão e tenta justificar a reivindicação americana de novos territórios utilizando o crescimento de uma árvore, a natureza, como metáfora do direito das Américas ao desenvolvimento e à expansão. Como salienta Cullen, os impulsionadores dos Estados Unidos utilizaram o Destino Manifesto para justificar a guerra com o México em 1846 (Cullen 169). No entanto, apesar de a guerra ter sido controversa, o espírito e a crença de que a América estava destinada e tinha a missão de espalhar a democracia por todo o país e pelo mundo continua a ter influência nos dias de hoje. Segundo Alan Brinkley, o conceito de Destino Manifesto funcionou como uma tocha simbólica que iluminou o caminho para a expansão dos EUA (Brinkley 352). O significado desta expansão é realçado na citação "Go West, young man, go forth into the country", uma frase cunhada pelo editor de jornais Horace Greeley e que marcou a viragem económica que o sonho americano tinha tomado (Cullen 140). Este slogan não se dirige apenas aos jovens que queriam ajudar a construir o país, mas também aos aventureiros e especuladores. Cullen salienta que, a partir de 1776, a nação se transformou num "Estado fronteiriço", à medida que se expandia na direção oeste (Cullen 138-140). Outra faceta do sonho americano fomentada pela ideologia do Destino Manifesto é a casa própria, que é um sonho "amplamente realizado" (Cullen 9). O desejo de ter uma casa própria e a migração de pessoas que vieram para a América na esperança de possuir um pedaço de terra, que era e continua a ser para muitos americanos tão importante como o dinheiro, começou com o movimento fronteiriço (Cullen 173).

James Truslow Adams, escrevendo nos primeiros anos da Grande Depressão, salienta que o sonho americano de uma vida melhor, mais rica e mais feliz para todos tem estado presente desde o início da história americana (Adams xx). Ele argumentou que estava a viver uma era de pontos de viragem. "Possivelmente, a maior dessas lutas [o esforço e o desafio de salvar e proteger a definição original do sonho americano] está à nossa frente neste momento - não uma luta de revolucionários contra a ordem estabelecida, mas do homem comum para se agarrar à 'vida, liberdade e busca da felicidade' que nos foram concedidas no passado em visão e em pergaminho" (Adams xx). Isto quer dizer que, após a transformação da nação num Estado fronteiriço, as pessoas comuns espalharam-se pelo país com o objetivo de procurar uma vida melhor, melhorando a sua situação financeira através da posse, por exemplo, de um pedaço de terra que pudesse produzir prosperidade ou mesmo riqueza. Ao longo dos anos, essa riqueza tem sido definida principalmente pelo dinheiro, pelos bens materiais e pelo consumo ostensivo. Segundo Cullen, Adams estava desiludido com Franklin Roosevelt e o seu New Deal, "sentindo que representavam uma traição às tradições americanas de autonomia e um caso de conivência do governo na criação de uma sociedade de consumo materialista e sem alma" (Cullen 4). Tocqueville previu a mudança do sonho americano de mobilidade ascendente para uma preocupação com o avanço social e económico no século XIX para o consumismo materialista no século XX. Como Tocqueville salientou, o individualismo democrático conduziu ao desejo de progresso económico e independência, mas também ao isolamento, à auto-preservação e ao materialismo:

O materialismo é, em todas as nações, uma doença perigosa da mente humana; mas é mais especialmente para ser temido entre um povo democrático, porque ele prontamente se amalgama com aquele vício que é mais familiar ao coração sob tais circunstâncias. A democracia encoraja o gosto pela gratificação física: este gosto, se se tornar excessivo, rapidamente dispõe os homens a acreditar que tudo é apenas matéria; e o materialismo, por sua vez, apressa-os a regressar com uma impaciência louca a esses mesmos prazeres: tal é o círculo fatal dentro do qual as nações democráticas são conduzidas (Tocqueville 298).

Enquanto Tocqueville considerava o materialismo uma doença perigosa que provoca ganância nas pessoas, na década de 1930 o sonho americano passou a girar inteiramente em torno do materialismo. Embora, como salienta Cullen, não exista apenas um sonho americano, a noção mais comum e talvez superficial sugere que os Estados Unidos são um país livre onde tudo é possível, desde que se esteja disposto a fazer um esforço.

Uma vez que a ideia do Destino Manifesto, a ideia de que através da expansão imperialista se pode encontrar uma vida divina e um avanço económico, é tão central na cultura americana, os americanos têm-se dedicado a esta busca de uma vida melhor, de riqueza e de felicidade. A crença de estar destinado a crescer, que está entrelaçada com o sonho americano de mobilidade ascendente, transformou-se numa preocupação quase exclusiva com a comercialização e o materialismo. O sonho americano tradicional é substituído pela crença de que o dinheiro é um destino divino, que a capacidade de adquirir quaisquer bens e propriedades, como uma casa grande e um carro caro, conduzirá à satisfação e à felicidade. Para promover esta crença, as narrativas de vida de Franklin, Lincoln e muitos outros que passaram da pobreza à riqueza estão a ser comercializadas. Através de um ciclo de introdução de novos produtos para obter ganhos financeiros, as pessoas que procuram alcançar o sonho americano são persuadidas a acreditar que esses novos produtos conduzirão à felicidade. É significativo que Cullen saliente que os leitores e escritores americanos têm, há centenas de anos, "um apetite incansável por histórias de rapazes (e, mais tarde, raparigas) pobres que, com nada mais do que coragem e engenho, criaram impérios financeiros que se ergueram sobre a imaginação nacional (e, em alguns casos, também sobre a paisagem nacional)" (Cullen 60). No sonho americano existe "um sentido de propriedade colectiva: qualquer um pode progredir", acrescenta Cullen. E enquanto os indivíduos forem inspirados, motivados e acreditarem que serão eles a superar as probabilidades e a enriquecer, ter este sonho sustentará vidas e, segundo Cullen, até salvará vidas "que de outra forma poderiam não ser consideradas dignas de serem vividas" (Cullen 7). Por conseguinte, pode afirmar-se que Franklin e Lincoln, que são considerados a personificação do sonho americano, com as suas narrativas de vida fornecem uma direção e orientação para manter os indivíduos motivados a trabalhar arduamente para alcançar o seu sonho. No entanto, ao longo dos anos, os contos inspiradores e as personagens ou modelos que encarnam as histórias de sucesso transformaram-se em histórias comercializadas e editadas, que incluem a promoção de novas mercadorias para fins pecuniários.

Capítulo 3

A busca de sonhos vazios

Procurar a felicidade através do sucesso económico em *O Grande Gatsby, O Diabo Veste Prada, Confissões de uma Viciada em Compras e Os Jones*

O sonho americano de mobilidade ascendente tem sido ratificado através de muitas narrativas de vida fictícias, mas também verdadeiras, que são provavelmente tão antigas como a própria América. Como salienta Cullen, os americanos têm um apetite incansável por este tipo de narrativas inspiradoras, o que também é evidente na popularidade dos quatro filmes analisados neste capítulo, todos eles centrados nas histórias de vida de trapos à riqueza das personagens principais e na sua busca da felicidade. Argumentarei que os quatro filmes funcionam como convites sedutores ao estilo de vida anunciado e às mercadorias exibidas, embora encobrindo os seus objectivos comerciais através de narrativas convincentes do tipo "da pobreza à riqueza". Os espectadores são levados a identificar-se, a sentir empatia e a simpatizar com as personagens, porque estas enfrentam uma certa luta enquanto tentam perseguir o seu sonho americano. Significativamente, o estilo de vida desejado, para o qual as personagens trabalham arduamente e cujo consumo conspícuo é a principal caraterística, representa a vivência do sonho americano contemporâneo.

Uma das narrativas ficcionais mais conhecidas sobre a passagem da pobreza à riqueza é *O Grande Gatsby* (1925) de F. Scott Fitzgerald. Este romance foi objeto de muitas adaptações para teatro e cinema. A minha atenção centrar-se-á na mais recente adaptação cinematográfica, Baz

A versão tridimensional de Luhrmann, que saiu em 2013. No entanto, devido à significativa contribuição e importância do romance para a literatura americana, também discutirei algumas diferenças dignas de nota.

Luhrmann filmou deliberadamente esta última adaptação em técnica 3D por motivos dramáticos. O realizador quis especialmente enfatizar o poder dos grandes planos. Aparentemente, Luhrmann foi convencido a aplicar esta técnica depois de ver *Dial M for Murder* (1954) de Alfred Hitchcock em 3D.

Não eram as coisas que vinham ter comigo que me interessavam - o que era interessante era ver Grace Kelly [que protagonizou *Dial M for Murder*] a mover-se numa sala em 3D. Quer dizer, só me apetecia pegar nela e tocar-lhe. E a câmara não se mexe. Ela está apenas a mover-se e a representar. Por isso, fiquei impressionado com o quanto o 3D é como o teatro, como é poderoso em 3D quando um ator se move em direção à câmara, em vez de mover a câmara em direção a um ator (Giardina, Pennington).

Neste formato, é prometido ao espetador uma experiência mais intensa e o acesso a detalhes, emoções e desempenhos das personagens no ecrã. Luhrmann ficou obcecado em filmar o filme em 3D porque tinha curiosidade em ver "os actores no seu melhor clique em 3D, apenas a representar". De facto, Luhrmann acreditava que a sua adaptação cinematográfica tinha de ser uma versão moderna e contemporânea e estava convencido de que "Fitzgerald não teria olhado para trás, abraçando essa técnica moderna" (Hogan).

F. O romance altamente influente de Scott Fitzgerald, *O Grande Gatsby*, passa-se na década de 1920, um período de prosperidade económica na América, também conhecido como os loucos anos 20 ou a Era do Jazz. O protagonista é o jovem milionário de Long Island Jay Gatsby, um self-made man de origem pobre, mas que tinha um plano para realizar o sonho americano, ou seja, tornar-se rico. O seu plano surgiu quando perdeu Daisy Buchanan, uma rapariga rica por quem estava apaixonado. Dedicou-se a realizar o sonho americano, que se centrava em recuperar Daisy. Daisy e Gatsby estavam apaixonados até que Daisy deixou Gatsby devido à sua falta de dinheiro. Agora, Gatsby tornou-se extremamente rico, mas Daisy está casada com Tom Buchanan, que pertence à elite do dinheiro estabelecido. Tom está a trair Daisy com Myrtle, que é casada com George. Daisy sabe que Tom está a ter um caso; no entanto, George não faz ideia de que Myrtle é enganadora. Tal como no romance, o filme é sobre James Gatz, do Dakota do Norte, que muda o seu nome para Jay Gatsby aos dezassete anos. Gatsby torna-se milionário com uma mansão luxuosa na aldeia fictícia de West Egg, em Long Island. Nick Carraway, primo de Daisy, é o narrador do romance e, no filme, partilha os seus pensamentos e experiências através de voz-off. A sua personagem é a principal diferença entre o romance e a adaptação cinematográfica. "No romance, nunca se sabe exatamente como ou porquê Carraway nos está a contar tudo isto [aos leitores]. E embora isso seja perfeitamente aceitável para um livro, um filme exige uma maior especificidade. Se vão ser ditas palavras ou exibidas num ecrã, alguém tem de as dizer e essa pessoa tem de estar num local concreto por uma razão concreta", diz Luhrmann numa entrevista (Hogan). Por isso, explica Luhrmann numa entrevista, enquanto trabalhava no manuscrito, o realizador optou por mostrar Carraway como um substituto do autor do romance: Fitzgerald (Hogan). Esta ideia foi apoiada quando os realizadores se depararam com a frase "reading over what I have written so far..." no capítulo três do romance. Uma vez que Nick Carraway é apenas o narrador, mas também o autor, tanto no romance como no filme, é apresentado no filme como tendo escrito o manuscrito de *O Grande Gatsby* num sanatório, enquanto recuperava do seu vício do álcool (Hogan). A abertura e a última cena mostram Carraway a escrever no sanatório, para explicar porque é que o narrador está a partilhar esta história com o público e de quem é a voz ao longo do filme. Carraway reflecte sobre o verão de 1925, quando conheceu Gatsby, e enquanto Carraway medita, olhando pela janela, o público viaja no tempo com ele até à cena em que Gatsby está na sua doca. Esta técnica narrativa de enquadramento destina-se a introduzir o público na história central, que é principalmente sobre Gatsby.

Na apresentação que Carraway faz de Gatsby, diz em voz-off que Gatsby "representava tudo aquilo por que tenho um desprezo incondicional" (Luhrmann). Carraway, como habitante do Midwest, condenava a ostentação de pessoas como Gatsby, que viviam em mansões luxuosas, fingindo ser bem-educado e dirigindo-se a Nick e (embora com sarcasmo) a Tom, com a frase "old sport". O uso excessivo da frase "old sport" por Gatsby indica que ele está a esforçar-se demasiado para pertencer à elite social que usa este modo de tratamento, mas também mostra uma afetação britânica que faz parte da pretensão de Gatsby de ter uma educação de Oxford. Apesar das suas reservas iniciais em relação a Gatsby, o fascínio e a admiração de Carraway por ele aumentam à medida que se tornam amigos íntimos. Olhando para trás, para a vida de Gatsby, diz: "Ele tinha um dom extraordinário para a esperança, uma prontidão romântica como nunca encontrei em qualquer outra pessoa e que não é provável que volte a encontrar" (Luhrmann). Carraway explora o mundo de Gatsby enquanto está alojado, durante o verão, numa casa de campo alugada que se situa na extensão do jardim de Gatsby. Assim, Carraway é um observador atento das festas de Gatsby, às quais assistem milhares de estranhos, do seu comportamento misterioso e das suas longas horas na doca, quando anseia por Daisy e olha para a luz verde no fim da doca de Daisy, que fica do outro lado da baía, na cidade rica e exclusiva de East Egg. A observação de Carraway resultou na sua compreensão de que Daisy era a luz verde de Gatsby. "Gatsby acreditava na luz verde, no futuro orgástico que, ano após ano, recua diante de nós" (Luhrmann). O olhar ambicioso e talvez desesperado de Gatsby, que a técnica 3D do filme torna extraordinário e intenso, indica que ainda existe uma distância entre ele e Daisy, e que ela e os círculos sociais exclusivos a que pertence ainda estão fora do seu alcance. Além disso, como argumenta Cullen a propósito do romance, Fitzgerald relaciona o poder da "luz verde, o futuro orgástico" com "toda a história americana, que remonta aos marinheiros holandeses - eles próprios à procura de uma costa ocidental - que encontraram um novo mundo 'proporcional à sua capacidade de se maravilhar'". Segundo Cullen, o que torna o sonho americano americano "não é o facto de os nossos sonhos serem melhores, piores ou mais interessantes do que os de qualquer outra pessoa, mas o facto de vivermos num país constituído por sonhos, cuja própria justificação continua a assentar no facto de ser um lugar onde se pode, para o bem e para o mal, perseguir objectivos distantes" (Cullen 182).

O passado de Gatsby limitou-o na prossecução das suas aspirações. Ele estava determinado a ultrapassar essas limitações e a mudar o seu futuro, recuperando um passado irrecuperável. O seu desejo de recriar o caso que teve no passado com Daisy prova que ele é incapaz de ultrapassar a sua história. Enquanto é atraído e movido pela luz verde em direção ao futuro, a sua vida atual e o seu estado de espírito não lhe permitem esquecer o passado. O passado de Gatsby com Daisy funciona como o aspeto fundamental da sua visão e aspirações do futuro. Por isso, Gatsby enfrenta a luta de tentar recriar o passado e transformar o seu sonho americano em realidade. Assim, a luz verde é uma metáfora do sonho americano e das aspirações de Gatsby.

Para além disso, enquanto Caraway continua a estudar a vida de Gatsby com respeito, observa, numa utilização de linguagem ligeiramente diferente da do romance: "Nenhuma quantidade de fogo poderia desafiar o conto de fadas que ele tinha guardado no seu coração" (Luhrmann). Gatsby aspira a ganhar o amor e o afeto de Daisy e, para atingir esse objetivo, trabalha para passar de um pobre agricultor do Dakota do Norte a um jovem rico. Entretanto, acumula também elevado estatuto e riqueza. No entanto, nenhuma destas conquistas satisfaz Gatsby, a menos que tenha Daisy de volta à sua vida. Daisy torna-se a personificação do sonho americano de Gatsby. Quando se conheceram, ela tinha rejeitado Gatsby porque ele era um oficial pobre estacionado no Sul durante a Primeira Guerra Mundial. Como Gatsby não tinha financeiramente nada para oferecer a Daisy, ela não esperou por ele. Ela escolheu a segurança financeira que Tom poderia proporcionar. Ela reforça a sua escolha dizendo ao seu primo Carraway:

"as raparigas ricas não se casam com rapazes pobres". Acrescenta ainda que se apaixonou pela riqueza de Tom. "Ele cegou-me com a excitação. Foi por isso que casei com ele" (Luhrmann). Carraway exprime a sua opinião de que Daisy é uma tola através da sua expressão facial. Significativamente, ela partilha a opinião do primo, como se torna claro quando diz sobre a filha: "Espero que ela seja uma tola. É o melhor que uma rapariga pode ser neste mundo. Uma linda e pequena tola" (Luhrmann). Os olhos de Daisy desviam-se da conversa com Carraway, enquanto o seu rosto exprime tristeza e um sentimento de aprisionamento no seu casamento sem amor. Apesar de Tom trair Daisy, e de ela ter as suas suspeitas, não consegue desligar-se do estilo de vida luxuoso e da sociedade rica a que sempre pertenceu. É óbvio que Daisy preferiu o dinheiro ao amor e à felicidade, pois casou-se com Tom apesar dos seus sentimentos por Gatsby. O seu sonho americano parece estar relacionado com a segurança financeira e o enriquecimento material sob a forma de jóias, uma mansão, carros e criados que a impedem de fazer qualquer tipo de esforço; o que Tom pode proporcionar. No entanto, o sonho de Daisy é um sonho vazio, tal como o sonho que Gatsby persegue. A obsessão de Gatsby em perseguir a riqueza para conseguir Daisy "é um sonho ingénuo baseado na suposição falaciosa de que as posses materiais são sinónimo de felicidade, harmonia e beleza" (Fahey 70).

Para além disso, qualquer esperança plausível que o público possa ter de que a personagem principal e o seu grande amor se reencontrem, e talvez qualquer suposição de que Carraway, que se tornou um amigo íntimo de Gatsby, queira e espere o mesmo, desaparece quando Carraway tenta despertar Gatsby do seu sonho dizendo: "Não lhe peças demasiado [a Daisy], porque não podes repetir o passado". Ao que Gatsby responde: "Não se pode repetir o passado? Claro que pode, meu velho!" (Luhrmann). Em muitas cenas, Gatsby é filmado de uma perspetiva mais elevada do que Carraway. Por exemplo, há vários planos de câmara em que Gatsby olha da sua janela para a casa de campo de Carraway ou durante uma conversa em que Carraway está de pé nas escadas de Gatsby enquanto Gatsby lhe responde da sua varanda. Nestas cenas, a admiração de Carraway e a grandeza de Gatsby são ilustradas pelo facto de Carraway olhar literalmente para Gatsby. No entanto, na cena em que Carraway diz a Gatsby que não pode repetir o passado, Carraway é filmado à mesma altura enquanto dá conselhos a Gatsby, o que pode ser interpretado como um momento em que a admiração de Carraway por Gatsby diminui, mas a sua expressão facial mostra mais simpatia por Gatsby e confusão acerca da sua cegueira.

Cullen argumenta que "o ceticismo que *O Grande Gatsby* [o romance] suscita em relação ao sonho americano do seu protagonista não se deve apenas ao seu enredo de fábula de um homem que persegue fins indecorosos através de meios indecorosos e paga o seu sonho com a vida", mas também à desigualdade socioeconómica dos anos 20, que é retratada no "vale de cinzas" (Cullen 181). De acordo com Cullen, a "imagem assombrosa" do cartaz publicitário do optometrista, mostrando enormes olhos com óculos que parecem estar a preocupar-se com tudo e todos no "vale de cinzas", é o "cenário para o clímax" do romance e assemelha-se a "uma espécie de metáfora modernista para o deserto da humanidade numa era sem Deus" (Cullen 181). Ao longo do filme, há muitas cenas em que o cartaz é mostrado em grande plano, com um fade-in e um fade-out, para enfatizar que há sempre alguém a observar. Por exemplo, depois de o marido de Myrtle, George Wilson, ter descoberto que a mulher lhe tinha sido infiel, olha pela janela em direção ao cartaz - o que também é quase impossível de não fazer devido à sua enormidade - e, de coração partido, diz a Myrtle: "Talvez penses que me podes enganar, Murta, talvez possas, mas não podes enganar Deus! Deus vê tudo", ao que Murta reage: "Isso é um anúncio" (Luhrmann). Myrtle parece não compreender o comentário de George, ou pelo menos finge não o compreender, o que pode ser visto como uma crítica à negligência dos valores espirituais e religiosos americanos, porque toda a gente parece estar preocupada com a procura de riqueza.

O sonho americano de George é tornar-se um homem de negócios de sucesso, mas isso depende do facto de conseguir vender o carro de Tom Buchanan. Ele não faz ideia de que Tom não tem intenção de vender o carro, mas usa as promessas de negócio como desculpa para ver Myrtle. Este é também o local onde Carraway é apresentado à sua amante Myrtle. Carraway, que se refere ao "vale das cinzas" como a "lixeira", mostra, através da sua experiência de verão e dos seus pensamentos, como toda a gente está obcecada com o dinheiro e a aquisição material. Pessoas como Tom, que têm dinheiro mas não têm moral - sendo ingratas, egoístas, infiéis e insatisfeitas com o seu estilo de vida luxuoso e os seus casamentos - são consideradas bem sucedidas e, por isso, respeitadas. Os homens ricos ficam com as mulheres e os pobres são enganados. Tom está a mimar Myrtle com um apartamento em Nova Iorque, onde a sua infidelidade ocorre à distância dos seus cônjuges e onde dão festas e bebem álcool até desmaiarem descuidadamente. Sempre que Myrtle está insatisfeita, é silenciada com jóias ou um cachorrinho, e com a promessa repetida de Tom de que deixará Daisy por ela. É óbvio que Myrtle está a perseguir o sonho vazio de uma relação extraconjugal, na qual lhe é prometido cuidar financeiramente dela, o que o seu marido George não é capaz de fazer.

Além disso, o "Vale das Cinzas" é o local por onde passam as personagens principais a caminho de Nova Iorque, o local onde Tom tem o seu caso adúltero com Myrtle, onde a emocionada Daisy atropela acidentalmente Myrtle com o conhecido carro amarelo de Gatsby e a mata, e o local que Gatsby e Carraway atravessam a caminho do encontro com Meyer Wolfsheim. Durante o encontro com Wolfsheim e Carraway, Gatsby diz a Carraway que Wolfsheim é um homem poderoso que "arranjou a World Series" (Luhrmann). Além disso, Carraway descobre após este encontro que a riqueza de Gatsby é o resultado do seu envolvimento em actividades ilegais, provavelmente contrabando, e do seu envolvimento no submundo. Descobre que Gatsby não provém de uma família rica, mas que inventou tudo. De facto, numa outra conversa, Gatsby revela que cresceu na pobreza, como o narrador diz ao público através da voz-off.
Aos dezassete anos de idade, Gatsby sofre uma transformação. Conhece o milionário Dan Cody, que se torna o mentor de Gatsby durante cinco anos. Carraway recorda: "Lembro-me do retrato dele no quarto de Gatsby, um homem grisalho e florido com um rosto duro e vazio - o pioneiro do deboche", que presumivelmente ensinou a Gatsby tudo o que ele sabe sobre como ganhar dinheiro. Depois da morte de Cody, Gatsby fica ambicioso, mas ainda financeiramente pobre. No filme, esta parte do passado de Gatsby é reencenada e mostrada através de um flashback.

No entanto, há uma parte significativa da juventude de Gatsby que não é captada no filme, mas que é importante para este capítulo. Antes de Gatsby reivindicar uma nova identidade, que, de acordo com o narrador, "brotou da sua conceção platónica de si próprio", e mudar o seu nome de James Gatz para Jay Gatsby, ele dedicava-se à disciplina de Benjamin Franklin de trabalho árduo e educação intelectual e moral (Bonca). No romance, quando Carraway conhece o Sr. Gatz, o pai de Gatsby, após a morte deste, descobre que Gatsby sempre foi ambicioso. O seu pai mostra a Carraway um livro de *Hopalong Cassidy* em que o jovem Gatsby tinha escrito um horário diário na folha de rosto, o que exemplifica os seus valores de trabalho árduo e de utilização do seu tempo em vez de o desperdiçar, mas, mais importante ainda, a disciplina e o desejo de se aperfeiçoar através do estudo da eletricidade e das "invenções necessárias", o que é obviamente uma referência a Franklin (Fitzgerald 144). O pai de Gatsby recorda: "Jimmy [o jovem Gatsby] estava destinado a progredir", pois lutava pelos ideais de Franklin, exceto que Gatsby entrou mais tarde em negócios ilegais (Fitzgerald 144). De forma surpreendente, a parte da emulação de Franklin por Gatsby é deixada de fora no filme.

Apesar de Gatsby ser um homem que persegue fins indecorosos através de meios indecorosos, Carraway minimiza este lado da carreira de Gatsby e concentra-se na sua grandeza. No entanto, Carraway apresenta ao público dois lados diferentes de Gatsby, que podem ser julgados moralmente. A sua grandeza é duradoura e imperecível devido ao final triste e brutal da vida de Gatsby e da história. Por isso, o público simpatiza com a personagem principal, em vez de concluir imediatamente, depois de George o ter assassinado, que ele teve o que merecia. Porque Carraway continua a admirar a grandeza de Gatsby, apesar do facto de a personalidade de Gatsby ser superficial, de estar envolvido no submundo e de estar obcecado em recuperar Daisy, o público não desaprova ou condena Gatsby. A outra faceta de Gatsby - a sua viva auto-invenção, os seus sentimentos românticos por Daisy, o seu impulso quintessencialmente frankliniano e americano e a dedicação ao seu sonho - faz com que o leitor o admire. Para além disso, referindo-se ao romance, Cullen argumenta que "o grande paradoxo de *The Great Gatsby* é que, mesmo quando Gatsby persegue o seu sonho através de instrumentos de fraude e adultério, há uma pureza profundamente convincente na sua ambição, especialmente tendo em conta as piedades presunçosas dos que o rodeiam (daí a declaração sincera de Nick de que Gatsby 'vale o raio de todos eles juntos')", uma declaração que também é retomada literalmente no filme (Cullen 182).

Em conclusão, apesar de nem todas as passagens do romance serem incorporadas na adaptação cinematográfica de Luhrmann de *O Grande Gatsby* e de as partes que são captadas através de câmaras 3D acrescentarem uma emoção extra e uma experiência realista, a obsessão de Gatsby em perseguir o sonho americano e a representação do sonho americano contemporâneo que se preocupa com o materialismo são bem captadas. Enquanto o romance se centra mais na corrupção do sonho americano, o filme enfatiza a disponibilidade desesperada e romântica de Gatsby, ao mesmo tempo que realça o ambiente glamoroso e moderno das festas da Era do Jazz, que é demonstrado através de uma mistura de música jazz e música hip-hop contemporânea. No entanto, tanto o romance como o filme valorizam a lealdade de Gatsby ao seu sonho americano, o que pode ser considerado uma qualidade romântica e admirável, especialmente quando comparada com as aspirações dos marinheiros holandeses para quem a América, um novo mundo, era o sonho. É significativo o facto de o filme não incluir uma referência a Benjamin Franklin, cuja ascensão da pobreza à riqueza através da autoeducação foi a inspiração e o modelo de Gatsby. Em vez de levarem uma vida de virtude, as personagens do filme preocupam-se apenas com o enriquecimento materialista e os valores monetários da vida. A ideia de que todos os americanos podem viver o sonho americano é apenas um sonho. A realidade é que há alguns Tom Buchanans que têm o privilégio de viver uma vida rica e há muitos George Wilsons que não são ricos e têm de trabalhar arduamente para perseguir sonhos que se revelam vazios. É significativo o facto de muitas personagens, incluindo Gatsby, nunca compreenderem que o sonho americano é um mito. A América está longe de ser o que os marinheiros holandeses imaginaram; a noção tradicional do sonho americano de Franklin de mobilidade ascendente e auto-invenção através da educação e do trabalho árduo foi substituída pelo consumo conspícuo e pelos valores monetários. Além disso, Daisy pertence a outro homem e é uma mulher egocêntrica que prefere o dinheiro ao amor verdadeiro. Assim, *O Grande Gatsby* convida o público a repensar criticamente o poder e as consequências dos seus sonhos. Para além disso, a história de Gatsby aponta o lado negro do sonho americano: paixões fortes, promissoras e românticas conduzem ao desespero, à cegueira, à solidão e até à morte. Como Daisy avalia e admite num tom triste a Carraway: "todas as coisas brilhantes e preciosas desvanecem-se tão depressa e não voltam" (Luhrmann).

No entanto, na América contemporânea, todos os objectos materiais impermanentes, "brilhantes e preciosos", são considerados uma indicação de sucesso e são equiparados a viver o sonho americano. Por conseguinte, muitos cineastas que tentam captar a essência do sonho americano contemporâneo ou criticá-lo, ao mesmo tempo que proporcionam entretenimento ao público, criam simultaneamente um palco para a publicidade de objectos materiais ao longo do filme, uma vez que estes representam o enriquecimento materialista, que é equiparado à realização do sonho americano.

O segundo filme, menos trágico, analisado neste capítulo, que procura criticar e até satirizar o sonho americano é *O Diabo Veste Prada*, realizado por David Frankel. O filme é uma adaptação para o ecrã do romance de Lauren Weisberger com o mesmo título. O romance de Weisberger é baseado nas suas experiências pessoais como assistente de Anna Wintour, uma conhecida editora-chefe da revista *Vogue*. A adaptação cinematográfica conta a história de uma jovem ambiciosa chamada Andrea Sachs, que se formou recentemente em jornalismo e aspira a fazer carreira na indústria dos jornais. O seu sonho é escrever para o *The New Yorker*. Para atingir o seu objetivo, tem de passar um ano exaustivo como assistente da editora-chefe da revista de moda, Miranda Priestly, que presumivelmente dará a Andrea recomendações que farão avançar a sua carreira. Andrea descobre rapidamente que subestimou o trabalho e especialmente a sua poderosa e exigente patroa, que faz pedidos estranhos e, como o título do filme sugere humoristicamente, tem as caraterísticas do diabo. Daí o título do filme que se refere a Priestly como o diabo, que aparece sempre com roupas de alta costura e usa sapatos Prada com saltos altíssimos que a tornam ainda mais ameaçadora. Nas cenas em que Priestly chega a vários locais, mas sobretudo ao trabalho, as câmaras filmam-na de um ângulo baixo para aumentar a altura. Quanto mais alta Priestly aparece no ecrã, mais o público fica impressionado com a sua personalidade. No filme,

Priestly é equiparada a viver o sonho americano. Ela parece ter tudo: está à frente da *Runway* Magazine, uma revista de moda influente e de grande sucesso, é visivelmente rica, é independente e aparece todos os dias com roupas novas de alta costura. Por isso, é feliz e bem sucedida, de acordo com os padrões da sociedade americana contemporânea. No entanto, enquanto Andrea e todos os outros, dentro e fora da indústria da revista, admiram Priestly, a invejam e lhe obedecem, Andrea descobre que as aparências enganam. Quando Andrea entra acidentalmente na discussão de Priestly com o seu enésimo marido, descobre que, devido à culpa de Priestly por não passar tempo suficiente com as suas filhas gémeas, ela suborna-as com bens materiais extraordinários e presentes como o manuscrito de Happy Potter, ainda por publicar, que ela ordena a Andrea que adquira a tempo se não quiser perder o emprego. Priestly é infeliz e, acima de tudo, solitária, apesar de estar diariamente rodeada de tantas pessoas que a admiram e temem ao mesmo tempo.

Enquanto Priestly já passou a fase de escolher entre uma vida pessoal e profissional, Andrea está a chegar a esse ponto. As experiências de Andrea e as expectativas profissionais levam-na a ajustar as suas prioridades anteriores. Devido às exigências de vinte e quatro horas de Priestly, torna-se impossível para Andrea ter uma vida social, manter-se concentrada durante as conversas com os amigos, ter tempo para o namorado Nate ou ir jantar com o pai; chega mesmo a faltar à festa de aniversário de Nate. Significativamente, por se sentir culpada por não passar tempo com os amigos e o namorado, Andrea suborna-os com presentes e sacos de brindes de marcas caras. Nate também repara que o comportamento alimentar de Andrea mudou, assim como o seu estilo de vestir. Durante uma discussão porque Andrea chega tarde do trabalho, Nate tenta fazê-la perceber que está mais longe de alcançar os seus sonhos do que antes e salienta que satisfazer os pedidos de Priestly não a vai ajudar, mas sim arruinar os seus ideais franklinianos de trabalho árduo, dedicação e criação de si própria. Em vez disso, ficou obcecada em agradar a Priestly e em ganhar o seu respeito, vestindo-se com roupas de alta costura, tentando estar um passo à frente de Priestly nas suas exigências diárias e estando ao seu serviço sempre que deseja. Entretanto, não escreveu qualquer artigo jornalístico, tendo-se transformado, de facto, numa pessoa semelhante ao demónio Priestly. Além disso, enquanto Andrea está a progredir na *Runway*, negligencia os conselhos que Emily Charlton lhe deu quando era nova na empresa. Emily é a assistente sénior de Priestly que, ao tolerar as crueldades dos seus patrões, prejudicou a sua saúde para poder participar na importante semana da moda de outono em Paris. A transformada Andrea consegue impressionar Priestly e, por isso, é autorizada, em vez de Emily, a juntar-se a ela em Paris para o desfile de moda onde estarão presentes todas as pessoas importantes da indústria. Priestly quer testar a dureza de Andrea e, por isso, faz-lhe um ultimato para que escolha entre ela e Emily para participar na semana da moda, porque tanto Priestly como Andrea sabem o quanto Emily trabalhou para ter essa oportunidade e que fez uma dieta pouco saudável durante meses só para poder vestir as roupas de marcas caras. Mesmo assim, Andrea decide aproveitar a oportunidade.

Uma vez em Paris, Andrea descobre que os patrões de Priestly planeiam substituí-la por uma editora-chefe parisiense mais jovem. Embora Andrea simpatize com a sua chefe e tente avisá-la, descobre que Priestly já foi informada e tem o seu próprio plano para salvar a sua posição na empresa. Entretanto, o divórcio de Priestly torna-se público e Andrea encontra a sua confiante chefe a chorar e emocionada num quarto de hotel. Enquanto Priestly tenta manter a cabeça erguida, aceitar as consequências e prever as manchetes do tabloide dizendo como ela é cruel e como presumivelmente afugentou outro marido, Andrea percebe que, apesar de se ter tornado uma assistente bem sucedida da mais prestigiada empregadora da indústria de revistas de moda, não quer tornar-se outra Priestly diabólica. No dia seguinte, abandona Priestly durante a semana da moda em Paris. Tenta fazer as pazes com Emily, dando as roupas do desfile, mas também com as amigas e Nate, que agora é o seu ex-namorado, pedindo-lhes desculpa. No final do filme, a epifania de Andrea leva-a a uma entrevista para um novo emprego num jornal. Durante a entrevista, o editor revela:

"Liguei para lá [*Runway*] para pedir uma referência, deixei uma palavra com uma rapariga arrogante. Quando dei por mim, recebi um fax da própria Miranda Priestly a dizer que, de todos os assistentes que ela já teve, tu foste, de longe, a sua maior desilusão. E que, se eu não a contratar, sou uma idiota. Deves ter feito alguma coisa bem" (Frankel).

Esta passagem indica que o trabalho árduo de Andrea valeu a pena, que ela tem uma esperança renovada e que Priestly não é totalmente o demónio que aparenta ser.

Obviamente, a mensagem do filme é que, embora Priestly pareça estar a viver o sonho americano, trabalhe arduamente para a sua posição e arrisque o seu enésimo casamento para manter o seu cargo de editora-chefe, é na realidade infeliz porque está cega pelo poder e pela riqueza. No final do filme, em Paris, diz a Andrea: "Toda a gente quer ser como nós", o que é comparável à cegueira de Gatsby e à sua insistência em que o passado se repita. Ambos estão obcecados com a sua noção do sonho americano e arriscam tudo para o alcançar. Andrea é transformada de aspirante a jornalista numa assistente subordinada e passa a fazer parte da indústria da moda que outrora ridicularizava. Andrea distrai-se do seu sonho de escrever para o *The New York Times*, cedendo à exigente e aparentemente glamorosa indústria das revistas de moda. No entanto, a sua experiência na *Runway* e os fracassos pessoais de Priestly, apesar da sua carreira de sucesso, fizeram Andrea perceber que era feliz e confiante antes de começar a trabalhar para Priestly.

De acordo com Lilian Calles Barger, a mensagem do romance e do filme é que sacrifícios como trabalhar longas horas são "a rendição de uma mulher ao carreirismo... A mensagem é que as carreiras de alto nível para as mulheres são incompatíveis com o amor. Embora o amor não seja obrigatório, é o único caminho para a felicidade pessoal" (Barger 348). Uma vez que, de acordo com a Declaração de Independência, "todos os homens são criados iguais" e dotados do direito à "Vida, à Liberdade e à procura da Felicidade", cada um deve ter a liberdade de viver a sua vida como quiser. Por isso, homens e mulheres, incluindo as personagens Andrea e Priestly, não devem ser obrigados a escolher entre uma vida amorosa e uma carreira. Deve-se ter a liberdade de procurar a felicidade em qualquer aspeto da vida. "Caso contrário, todas as mulheres podem acabar como Miranda [Priestly]: bem sucedidas, mas sozinhas e inadequadas como mães" (Barger 348). Para além disso, Barger argumenta que

O Diabo Veste Prada troça das mulheres ao representar uma visão utópica actualizada. Ao envolver a sua mensagem num espetáculo de moda de alto brilho, esconde o seu verdadeiro significado. Abrindo com uma sequência de montagem de moda, o filme transmite uma "estética pós-feminista feminina" do prazer feminino no consumo, nas compras, nos artigos femininos, nas roupas de marca e nos sapatos. O espetador vê um desfile de mulheres jovens, bonitas e vestidas de acordo com a moda, a caminho de um emprego de sonho. A utilização de enquadramento em ecrã panorâmico, "iluminação de beleza", planos longos e modas de marca dão ao filme um aspeto de grande valor de produção com um orçamento modesto. Sequências de moda repetidas ao som de música dão o ambiente e a sensação de um longo desfile de moda. O centro visual do filme é a relação que as mulheres têm com os bens de consumo no projeto de auto-criação (Barger 345).

Esta visão utópica da felicidade consumista indica que as mulheres, em primeiro lugar, enfrentam a dificuldade de escolher entre o amor e a carreira, e entre os ideais profissionais e o consumo conspícuo. Quando Andrea começou a trabalhar na *Runway*, não se apercebeu de que uma carreira no mundo da alta costura a tornaria cúmplice da cultura de consumo. Por exemplo, quando Priestly e os seus assistentes estão a decidir entre dois cintos aparentemente semelhantes para um conjunto que será publicitado na revista e Andrea diz que não vê a diferença entre os dois cintos, Priestly fica irritada com a atitude condescendente de Andrea:

"Pensas que isto [o consumismo] não tem nada a ver contigo. Vais ao teu roupeiro e seleccionas! não sei... aquela camisola azul irregular, por exemplo, porque estás a tentar dizer ao mundo que te levas demasiado a sério para te preocupares com o que vestes. Mas o que não sabe é que essa camisola não é apenas azul'... é cerúleo... No entanto, esse azul representa milhões de dólares e inúmeros empregos e é um pouco cómico pensar que fez uma escolha que a isenta da indústria da moda, quando, na verdade, está a usar a camisola que foi selecionada para si pelas pessoas nesta sala a partir de um monte de coisas" (Frankel).

Priestly decide, em nome do consumidor, quais os bens que este deve adquirir para se sentir feliz. Esta passagem não ilustra apenas o poder da indústria da moda, mas também a dificuldade de escapar à sua influência. Ao aspirar ao sonho americano contemporâneo de sucesso profissional, Andrea também está implicada na obsessão da cultura dominante pelo enriquecimento materialista. Embora o filme critique a corrupção do sonho americano, os muitos artigos de moda que são exibidos ao longo do filme, que, como sugere Barger, se transforma num longo desfile, na verdade também publicitam e glamourizam a indústria da moda.

Outro espetáculo de moda de alto brilho no ecrã é a adaptação cinematográfica de 2009 do realizador P.J. Hogan do romance de Sophie Kinsella, *Confessions of a Shopaholic*. Tal como Andrea em *The Devil*, Rebecca Bloomwood sonha em trabalhar como jornalista numa revista de moda, *Alette*. No entanto, ao contrário de Andrea, Rebecca preocupa-se sobretudo com as compras. Consequentemente, encontra-se com uma dívida de mais de nove mil dólares, dinheiro que foi todo gasto em roupas e acessórios de marca. A sua situação piora quando o agente de cobranças Derek Smeath tenta persegui-la enquanto ela tenta evitá-lo. Depois de descobrir que a vaga de emprego na *Alette* foi preenchida, Rebecca arranja um emprego a escrever para a revista financeira *Successful Savings*. Como este emprego pode eventualmente levar a uma posição na *Alette,* Rebecca começa a trabalhar para o charmoso editor-chefe Luke

Brandon, com quem Rebecca se envolve romanticamente. Ironicamente, acaba por escrever a coluna "A Rapariga do Lenço Verde", na qual informa os leitores da revista financeira sobre os cuidados a ter com o consumidor. Esta coluna dá-lhe surpreendentemente fama e sucesso público, mas também a admiração do seu patrão Brandon, por quem está apaixonada. No entanto, tal como Andrea, Rebecca enfrenta um conflito entre a felicidade romântica e a carreira profissional. Ao mesmo tempo, tem de lidar com o seu vício em compras e evitar que alguém saiba das suas dívidas.

Depois de Rebecca ser humilhada publicamente e de se aperceber que as suas muitas mentiras, dívidas e comportamento magoaram e desiludiram a sua melhor amiga Suze, os seus pais e o seu patrão e amante Brandon, decide mudar de atitude. Rebecca usa a sua fama de "A rapariga do lenço verde" e vende a maior parte das suas roupas para pagar as suas dívidas, incluindo o seu famoso lenço verde. Vai ao casamento da sua melhor amiga e pede-lhe desculpa por a ter magoado. Por fim, reencontra Brandon e este revela que pediu a alguém que comprasse o lenço verde em seu nome no leilão para o poder devolver a Rebecca. Além disso, Rebecca recusa a oferta de um cargo na *Alette*, uma oportunidade que ela esperava e com a qual sonhava.
Rebecca apercebe-se de que afinal não queria nem precisava daquele cargo e decide trabalhar para a nova empresa de Brandon, a Brandon Communications (Hogan).

Confessions of a Shopaholic é mais do que uma comédia romântica e a viagem de uma jovem mulher que tenta criar-se a si própria enquanto persegue o seu emprego de sonho. O filme expõe tudo o que está errado na vida financeira dos americanos. Apesar do seu final feliz, o filme capta as consequências da forma como os americanos financiam o seu sonho americano. Significativamente, a cultura de consumo americana contemporânea tornou as pessoas dóceis através dos meios de comunicação social, de centros comerciais apelativos com montras e vitrinas que gritam pela atenção do cliente - o que é mostrado com humor neste filme - e de publicidade por todas as cidades. Esta docilidade e sedução é captada de forma satírica ao longo do filme, mostrando, por exemplo, um diálogo entre Rebecca e manequins falantes, e manequins que atraem Rebecca para uma loja através de um dedo indicador em movimento e de um piscar de olhos sedutor (Hogan). Estes métodos de cativação criam falsos desejos que só podem ser satisfeitos pelos produtos que o sistema capitalista fornece. A personagem Rebecca experimenta as compras como algo hipnotizante. Ela descreve: "Sabem aquela coisa quando vemos alguém giro e ele sorri e o nosso coração fica como manteiga quente a deslizar pela torrada quente? Bem, é assim que acontece quando vejo uma loja. Só que é melhor". Noutra passagem, descreve a satisfação e os benefícios de consumir. "Um homem nunca te amará ou tratará tão bem como uma loja. Se um homem não serve, não o podemos trocar sete dias depois por uma camisola de caxemira linda. E uma loja cheira sempre bem. Uma loja pode despertar o desejo por coisas que nem sequer sabíamos que precisávamos. E quando os nossos dedos agarram aqueles sacos novos e brilhantes... oh sim... oh sim" (Hogan). Como Priestly explicou a Andrea, na cena em que dois cintos são comparados em *The Devil*, as escolhas são feitas para o consumidor. Através da publicidade e de outros meios, o desejo do consumidor é despertado para comprar, por exemplo, um cinto com uma determinada roupa. Sem que se dê por isso, a soma total aumenta quando se chega ao balcão de pagamento. Além disso, no final do filme, quando os segredos e as dívidas de Rebecca são revelados, o seu pai conforta-a, afirmando "A tua mãe e eu achamos que se a economia americana pode ter milhares de milhões de dívidas e ainda assim sobreviver, tu também podes" (Hogan). Através deste tipo de diálogos, o filme critica a economia de consumo americana e o seu sistema financeiro. A viragem materialista que o sonho americano tomou e os métodos com que as empresas tentam vender os seus produtos fazem com que os consumidores se debatam com aquilo a que Tocqueville chamou "uma perigosa doença da mente humana" (Tocqueville 298). Esta doença ou aquilo a que Barger chama uma visão utópica do paraíso do consumo começa numa idade jovem. Como Rebecca explica no filme: "Quando tinha sete anos, a maioria dos meus amigos deixou de acreditar em magia. Foi nessa altura que comecei a acreditar. Eram bonitas, eram felizes. Nem sequer precisavam de dinheiro, tinham cartas mágicas" (Hogan). Esta passagem demonstra como os consumidores podem ser ingénuos quando se trata de compreender as consequências do sistema de cartões de crédito, que cria dívidas. Os chamados cartões mágicos proporcionam felicidade e satisfação a curto prazo, mas, a longo prazo, a

A magia transforma-se em dívidas insuperáveis e pode levar a fins trágicos. Por fim, Rebecca consegue ultrapassar o seu vício com o apoio da família e dos amigos. É claro que um final tão feliz nem sempre acontece na realidade ou, aliás, em todos os filmes.

O filme do realizador Derrick Borte (*The Joneses*) é sobre fingir viver um estilo de vida glamoroso e realizar o sonho americano contemporâneo, que se baseia no materialismo e na obtenção de carreiras de prestígio. O casal aparentemente feliz Steve e Kate, com o seu filho Mick e a sua filha Jenn, fingem ser uma família perfeita, mas na realidade são uma equipa de "vendedores invisíveis". A equipa de vendedores profissionais tem de disfarçar os produtos que vende através de uma rotina diária impercetível, o que significa que a família Jones não só utiliza uma variedade de equipamentos e mercadorias, como cada membro tem de promover e demonstrar os artigos - como roupa, material escolar, perfumes, produtos cosméticos, carros e mobiliário - de forma discreta. A Kate é a líder desta equipa. Ela é uma mulher de negócios bem sucedida, concentrada e ambiciosa que está no topo do jogo. Steve, o parceiro de negócios de Kate, inicialmente não é bom a agir como o marido de Kate. Assim que a família perfeita se muda para um subúrbio rico, sob o pretexto de ser transferida por causa das suas carreiras, começa o jogo de marketing. A sua tarefa principal e diária é parecer e agir de forma desejável através dos produtos e aparelhos fornecidos por várias empresas, a fim de venderem o máximo possível como equipa, mas sobretudo como indivíduos. Como o chefe de Steve lhe diz: "Chama-se auto-marketing. Se as pessoas te querem, querem o que tu tens" (Borte).

A equipa de Kate é bem sucedida e a família que imitam é invejada pela vizinhança, amigos e colegas de turma. As coisas correm muito bem quando Steve, que é novo na equipa, começa a apanhar-lhe o jeito, e quando a equipa começa a recomendar produtos em vez de apenas os exibir. No entanto, assim que o negócio corre bem, o mal alastra quando as pessoas tentam consumir mais do que podem pagar. Os consumidores estão a tentar acompanhar o ritmo dos Jones, sem saber a verdade sobre esta família aparentemente perfeita. No início do filme, quando a equipa chega ao novo local, Steve diz a Kate: "Vamos causar alguns estragos nesta cidade" (Borte). Os estragos e a tragédia ocorrem quando Larry, vizinho e amigo de Steve na comunidade, revela que vai perder a sua casa devido a um crédito excessivo. A situação agrava-se quando Steve encontra Larry na sua piscina, onde se suicidou por causa das suas dívidas.

O constante fingimento provoca conflitos internos em cada membro da equipa, mas com a capacidade de liderança de Kate conseguem manter a falsa imagem de família. No entanto, após o suicídio de Larry, é insuportável para Steve continuar a atuar e, por isso, confessa à mulher de Larry e ao resto da comunidade.

Entretanto, Steve apaixona-se por Kate e ela apaixona-se por Steve. Apesar dos sentimentos que nutrem um pelo outro, o sonho de Kate de alcançar o estatuto de ícone é a sua maior prioridade. Um estatuto de ícone significa que ela pode ter mais controlo na empresa e pode escolher os produtos que ela e a sua equipa permanente querem promover. Por isso, não permite que qualquer distração se interponha no caminho da sua equipa para obter números de vendas recorde.

Eventualmente, depois da confissão de Steve à comunidade, e da equipa o deixar, Steve segue Kate até à sua nova missão e local. Com o coração partido, Steve convence Kate a partir com ele e a tornarem-se um casal a sério, o que Kate aceita após alguma hesitação. Obviamente, este filme é uma sátira social, tal como os outros filmes analisados neste capítulo, com exceção de *O Grande Gatsby*, que é, sem dúvida, parte sátira e parte tragédia. O trailer de promoção do filme capta a essência: "Eles [a família Jones] não estão apenas a viver o sonho americano, estão a vendê-lo" (YouTube, *Joneses*). O realizador Borte explica numa entrevista:

> Estava a ver o 20/20 ou o Dateline com uma história sobre marketing furtivo em que as modelos iam a estes bares e pediam uma bebida específica vezes sem conta, e viam uma espécie de efeito de onda de pessoas a pedir essa bebida à sua volta. E aí estava a ideia. Acho que tinha de descobrir o que fazer com ela, se era uma comédia generalista, um thriller psicológico... Mas fiquei fascinado com a ideia de reality TV e esta intimidade forçada de meter pessoas que não se conhecem numa casa. Era isso que este filme precisava de ser - uma história sobre estas relações, tendo como pano de fundo o marketing furtivo conspícuo (Justine).

Este tipo de efeito cascata é exatamente o que tem um efeito prejudicial na sociedade americana. Lauren Hutton, que interpreta o papel da chefe de Kate e Steve, KC, argumenta: "Vês onde estás sujo e como isso te afectou a ti e a todos nós. Transformámo-nos mais em consumidores do que em cidadãos. E parece ser isso que se torna mais importante para as crianças e os adolescentes" (J.C. Justine).

Em conclusão, o sonho americano conheceu muitas fases de transformação e a contemporânea é a noção de mobilidade ascendente através do enriquecimento materialista, em vez da adesão aos valores tradicionais de trabalho árduo, educação e virtude, representados por Benjamin Franklin e Abraham Lincoln. Embora as personagens principais destes quatro filmes sigam o exemplo de Franklin de alcançar o sucesso através do trabalho árduo, Gatsby, Andrea, Rebecca, Kate e Steve fazem parte da miséria e da luta contínua que o sucesso (através de carreiras de prestígio) e o dinheiro podem trazer, como se pode ver através das experiências de Tom e Daisy, Priestly e a sua assistente Emily, os entes queridos de Rebecca e Larry como uma das vítimas do subúrbio rico. Eles perseguem sonhos vazios, dão espetáculo e sacrificam-se muito para alcançar os seus sonhos e para se manterem no topo depois de terem conquistado essa posição. Normalmente, estão à procura de algo maior do que aquilo que já têm. Algumas personagens "ingénuas" estão tão cegas pelo seu sonho e pelo estilo de vida glamoroso que não se apercebem de que o dinheiro, o materialismo e o estatuto não lhes podem trazer felicidade. Demi Moore, que interpreta a personagem Kate em *The Joneses*, declarou numa entrevista: "Não há nada de errado em ter o desejo de ter coisas bonitas. É quando colocamos isso como medida do valor de nós próprios que a coisa se desvia, ou, no caso de um filme, chega ao ponto de alavancar toda a nossa vida" (Justine). Além disso, a realização da noção contemporânea e materialista do sonho americano mede-se pelo sucesso, pela capacidade de ganhar dinheiro e de gastar de forma ostensiva, de consumir, de obter reconhecimento e, consequentemente, de obter prestígio. Os desejos pessoais dos americanos estão entrelaçados com o seu valor social, o que se expressa numa ênfase contínua no sucesso económico como medida do bem-estar social. Assim, riqueza, consumismo e realizações profissionais são iguais a sucesso e sucesso é igual a felicidade.

Embora os valores tradicionais americanos sejam a liberdade e a justiça para todos, o atual sonho americano é um sonho económico, e talvez sempre tenha estado relacionado com o sucesso financeiro. A América é, segundo Tocqueville, uma nação de indivíduos que rejeitam a dependência financeira dos outros ou a ajuda financeira do governo, que tomam as suas carreiras nas suas próprias mãos e cuja segurança na reforma e o futuro dos filhos dependem das suas poupanças e investimentos. Os meios de comunicação social tentam convencer os americanos de que cada indivíduo pode viver o sonho americano. E embora os filmes sejam críticos em relação ao sonho americano e às suas consequências, ao mesmo tempo promovem os benefícios do sonho americano de uma forma apelativa, apesar de haver sacrifícios a fazer. Os quatro filmes fazem, geralmente de forma discreta, publicidade sedutora a produtos de base, cobrindo as promoções de marcas e artigos com narrativas cativantes e emotivas de "trapos à riqueza", o que leva o público a simpatizar com as personagens principais. O espetador é levado a empatizar com as personagens porque estas enfrentam uma luta, possivelmente reconhecível, enquanto perseguem a sua noção do sonho americano. O estilo de vida glamoroso e materialista, em que o consumo conspícuo é a principal caraterística, representa a vivência do sonho americano nos quatro filmes.

Capítulo 4

O Ciclo de Manipulação da Indústria Cinematográfica e a sua Educação Moral

O filósofo grego Aristóteles argumentou na sua obra mais conhecida sobre ética, *a Ética a Nicómaco*, que consiste em dez volumes: "A virtude, sendo de dois tipos, intelectual e moral, a virtude intelectual deve principalmente o seu nascimento e o seu crescimento ao ensino (razão pela qual requer experiência e tempo), enquanto a virtude moral surge como resultado do hábito, daí também o seu nome (Ethike) ser formado por uma ligeira variação da palavra ethos (hábito)" (Aristóteles, *Livro II*, 1). Isto quer dizer que a sabedoria é ensinável e aprendível através do tempo, da educação e da obtenção de experiência. No entanto, a virtude moral é o resultado do cumprimento de bons hábitos. Aristóteles começa o seu segundo volume da *Ética a Nicómaco* a discutir as caraterísticas e a sua teoria sobre a virtude e a moralidade, o que proporciona uma entrada intrigante para o tema deste capítulo: a ironia das mensagens morais dadas nos quatro filmes analisados nesta tese. Cada filme dá ao público uma certa "lição de vida" que, à primeira vista, é óbvia para o espetador. No entanto, há também certas mensagens subjacentes que podem ser consideradas virtuosas ou corruptas. Como o cinema é um instrumento influente de educação moral, vou discutir o conceito de moralidade e o que é considerado virtuoso, a fim de descobrir o valor e os possíveis efeitos das mensagens morais dos quatro filmes no público. Neste capítulo, basear-me-ei em Max

A crítica de Horkheimer e Theodor Adorno a Hollywood e aos seus efeitos na sociedade, bem como o trabalho de Maher Bahloul sobre o cinema como instrumento educativo e a discussão de Dean Kowalski sobre a teoria moral no cinema.

De acordo com Kowalski, autor de *Moral Theory at the Movies: An Introduction to Ethics,* os hábitos a que Aristóteles se refere são considerados costumes, que são as normas que definem o comportamento humano moral, ou seja, as ideias de certo e errado (Kowalski 71). Além disso, Kowalski afirma:

> Quando os elementos da verdade e do direito são desenvolvidos em doutrinas de bem-estar, os costumes populares são elevados a outro plano. Tornam-se então capazes de produzir inferências, desenvolver-se em novas formas e alargar a sua influência construtiva sobre os homens e a sociedade. Chamamos-lhes então os costumes. Os costumes são as tradições populares, incluindo as generalizações filosóficas e éticas quanto ao bem-estar social que são sugeridas por elas e inerentes a elas, à medida que crescem. Os costumes dão a noção do que deve ser. ... Todas as noções de propriedade, decência, castidade, polidez, ordem, dever, direito, direitos, disciplina, respeito, reverência, cooperação e anti-amizade estão nos costumes. Os costumes podem fazer com que as coisas pareçam corretas e boas para um grupo ou uma época que, para outro, parecem antagónicas a todos os instintos da natureza humana (Kowalski 71).

Esta passagem indica que a rotina repetitiva do comportamento humano considerado certo ou errado, virtuoso ou vicioso, depende da moral, das maneiras ou dos costumes desenvolvidos pelos indivíduos, que diferem consoante a idade ou o grupo. No entanto, o que não difere é, segundo Aristóteles, ter a capacidade para a virtude moral, que faz parte da natureza humana. No entanto, requer exercício e prática (Aristóteles, *Livro II*,

1). Por outras palavras, as pessoas aprendem fazendo o que precisam ou querem aprender. Por exemplo, as pessoas têm a capacidade de amar, que é uma caraterística da natureza humana, mas precisam de aprender a amar. Os educadores que ensinam como se comportar ou amar são normalmente os pais, as escolas, os livros, as doutrinas religiosas, o governo e os meios de comunicação social em geral e, recentemente, em particular, a Internet.

Maher Bahloul afirma numa entrevista ao jornal online *The National* sobre o livro *Lights! Câmara! Action and the Brain: The Use of Film in Education*, de que é coautor com Carolyn Graham, que a literacia mediática é "uma ferramenta importante [para a educação] e deveria ser oferecida em todas as universidades, no ensino secundário, talvez mesmo durante todo o processo de aprendizagem". Além disso, "no fim de contas, trata-se realmente de uma pedagogia; de como os alunos podem aprender melhor, mais depressa e mais eficazmente. A utilização de filmes é apenas uma forma glamorosa. Quer queiramos quer não, o cinema está presente em toda a educação, de uma forma ou de outra". Por isso, no seu livro, levanta questões como: "Porque é que não existe um 'Hollywood' em cada instituição de ensino? É aí que esperamos inovação, que esperamos que surjam projectos, que surjam génios" (Bahloul 1, Ritman). Bahloul afirma que "os estudantes já estão envolvidos, mas o que lhes falta é a abordagem crítica dos media. ... Com as crianças agora expostas aos media de tantas formas e de tantos ângulos diferentes, é importante que compreendam com o que estão a lidar. Se não soubermos lê-los, não soubermos interpretá-los, não saberemos como lidar com eles. E podemos ser facilmente afectados por isso", que é exatamente o ponto deste capítulo (Bahloul 5, 15, Ritman).

Voltando à teoria de Aristóteles, a educação moral de que cada indivíduo necessita e que recebe consiste essencialmente em habituá-lo a um comportamento virtuoso. Como refere Bahloul, o cinema é um instrumento educativo importante e influente. Assim, se considerarmos o cinema como um instrumento de educação moral, talvez seja também importante saber segundo que valores, normas ou princípios determinadas acções e orientações são consideradas morais ou virtuosas, e quem decide ou julga algo como certo ou errado. De acordo com Aristóteles, a virtude pode ser aprendida e uma pessoa pode tornar-se hábil em ser virtuosa através da prática, o que significa que a aprendizagem da virtude pode desenvolver-se ao longo do tempo até se tornar um hábito. Por conseguinte, estas competências não cognitivas são diferentes para cada indivíduo, cada agregado familiar, cada cultura e podem mudar ao longo do tempo. Assim, é difícil determinar um conjunto de normas que possam ser consideradas os costumes corretos de uma sociedade. Uma vez que os educadores, como os pais, as escolas, a cultura e os meios de comunicação social, dão o exemplo do que é virtuoso até que um indivíduo molde os seus próprios princípios e hábitos ao longo do tempo, é importante perguntar até que ponto as mensagens e a orientação dos educadores são valiosas e influentes. É provável que uma criança questione a orientação dos pais ou a educação da escola, mas o que dizer das mensagens morais transmitidas pelos meios de comunicação social em geral e pela indústria cinematográfica em particular?

Kowalski discute uma passagem intrigante do filme de 2005 *Thank You for Smoking (Obrigado por Fumar)*, que se baseia num romance satírico com o mesmo título e conta a história do personagem fictício Nick Naylor, um porta-voz principal e lobista da indústria do tabaco. Ao mesmo tempo que é bem sucedido e talentoso a fazer lobbying para a indústria tabaqueira, Nick Naylor também tem de tentar ser um modelo para o seu filho de doze anos (*Smoking*, IMDb). Um dia, comparece perante a turma da escola primária do filho para falar sobre o seu trabalho. Informa a turma de que fala para ganhar a vida, tal como uma estrela de cinema, mas fala em nome da indústria do tabaco. Uma rapariga reage, dizendo que a mãe acredita que os cigarros matam e que, por isso, fazem mal à saúde humana. Nick responde-lhe: "A sério, a tua mãe é médica ou investigadora científica?" A menina diz "não", ao que Nick conclui: "Bem, ela não parece exatamente uma especialista credível, pois não? No entanto, ele informa a turma de que é importante ouvir os pais, mas "haverá sempre pessoas a tentar dizer-nos o que fazer e o que pensar". Além disso, afirma, "quando alguém tenta agir como uma espécie de especialista, podemos responder com 'quem disse?'" Outro aluno da turma conclui: "Então, os cigarros fazem-nos bem?". O professor reage imediatamente "Não!", e Nick esclarece: "Não é aí que quero chegar: o que quero dizer é que tens de pensar por ti próprio... descobrir por ti próprio" (Ritman, qtd. in Kowalski 1).

Embora as crianças precisem obviamente de alguma orientação através da educação e da aprendizagem com as experiências de outras pessoas, a certa altura ou idade têm de decidir por si próprias se as acções e o comportamento são virtuosos ou morais. Como diz Bahloul, "se não soubermos ler [a mensagem do filme], não saberemos interpretá-la, não saberemos lidar com ela. E podemos ser facilmente afectados por ela" (Ritman). O "isso" refere-se à lição e à mensagem que um filme pode transmitir ao público. Além disso, questionar os valores dos educadores não significa necessariamente não cumprir as suas normas e princípios ou duvidar da sua sabedoria; pode indicar que cada um deve determinar por si próprio o que está certo ou errado. Além disso, a passagem citada de *Thank You for Smoking* "levanta muitas questões morais interessantes, incluindo a questão de saber se existem restrições éticas à forma como uma pessoa deve empregar os argumentos e a retórica. Também levanta vivamente a questão de saber se deve haver limites morais para comportamentos que os indivíduos sabem que são prejudiciais (como fumar) e, por sua vez, qual o papel que o governo ou outros devem desempenhar para nos dissuadir desses comportamentos" (Kowalski 2).

Além disso, a personagem Nick, como lobista dos cigarros, que é um trabalho que não se enquadra na categoria de uma carreira virtuosa, sugere que o seu trabalho exige uma certa flexibilidade moral. Nick sublinha que, no seu trabalho, nem sempre é uma questão de moralidade, mas sim de racionalismo. "É essa a beleza da argumentação: se argumentarmos corretamente, nunca nos enganamos" (Ritman). Assim, se um educador tem a capacidade e o conhecimento para argumentar e defender um ponto de vista, esse professor pode fazer com que quase tudo pareça razoável e moral, e assim consegue convencer o seu público. Esta competência também pode ser utilizada para manipular ou ser utilizada de uma forma que possa ser benéfica para o educador. Esta capacidade de manipulação e de argumentação persuasiva é semelhante à teoria das relações públicas de Edward Bernays. Como foi referido nos capítulos anteriores, Bernays ajudou os publicitários e os meios de comunicação social americanos nas suas campanhas de persuasão pública, para que pudessem vender o que quer que tivessem produzido para ganhar dinheiro ou promover algo (Curtis).

Tal como Bernays utilizou estratégias psicanalíticas para manipular o público através da colocação de produtos em filmes e outros meios de comunicação social, o filme *Obrigado por Fumar* enfatiza a utilização desta estratégia quando o patrão de Nick deseja falar com ele sobre a ideia de "subornar os produtores de Hollywood para que os actores fumem no ecrã". ... A mensagem que Hollywood precisa de enviar é "Fumar é fixe!". Agora o que precisamos é de um modelo de fumador. Um verdadeiro vencedor: Indiana Jones encontra Jerry Maguire. Certo, com dois maços por dia. Não vendemos Tic Tacs, vendemos cigarros. E eles são fixes, disponíveis e viciantes. O trabalho está quase feito para nós" (Kowalski 3, Ritman). Além disso, de acordo com a revista *Rolling Stone*, a colocação de produtos sempre fez parte de Hollywood. "A colocação de produtos em Hollywood remonta à era do cinema mudo. Mas foi só quando o E.T. desejou aqueles pequenos rebuçados coloridos que o marketing de marca arrancou realmente. Agora, 31 anos depois, está tão difundido que quase nem damos por ele - uma lata de Pepsi aqui, um iPhone ali. Usamos ambos na vida real, por que não haveriam de aparecer no grande ecrã?" Mas a questão principal continua a ser "quanto é que é demasiado?" (Kroll).

Significativamente, como salientei na introdução, muito antes de se colocar a questão "quanto é demasiado",
Horkheimer e Adorno desenvolveram uma teoria crítica sobre os efeitos de Hollywood, a colocação de produtos e a publicidade, basicamente o impacto do capitalismo. De acordo com Horkheimer e Adorno, "Hollywood [é] uma fundação de ilusões" (qtd. in Conard 144). "A cultura atual está a infetar tudo com a mesmice. O cinema, a rádio e as revistas formam um sistema. Cada ramo da cultura é unânime em si mesmo e todos são unânimes em conjunto." Para além disso, Horkheimer e Adorno argumentam que a abundância de mercadorias que o capitalismo produz e que são publicitadas através de cada ramo da cultura é prejudicial. Embora os indivíduos pareçam "materialmente enriquecidos", estão a "empobrecer culturalmente" (Horkheimer e Adorno 94, qtd. in Conard 145).

Significativamente, estas mercadorias são procuradas pelos participantes da indústria cultural através de processos de reprodução, que conduzem à "utilização de produtos normalizados para satisfazer as mesmas necessidades em inúmeros locais". Afirma-se que estas necessidades têm origem nos desejos dos consumidores, e "é por isso que são aceites com tão pouca resistência". No entanto, "na realidade, um ciclo de manipulação e de necessidades retroactivas unifica cada vez mais o sistema". O que não é mencionado é que a base sobre a qual a tecnologia está a ganhar poder sobre a sociedade é o poder daqueles cuja posição económica na sociedade é mais forte" (Horkheimer e Adorno 95). Para além disso, Horkheimer e Adorno afirmam,

Toda a cultura de massas sob o monopólio é idêntica, e os contornos do seu esqueleto, a armadura concetual fabricada pelo monopólio, começam a sobressair. ... O cinema e a rádio já não precisam de se apresentar como arte. A verdade de que não passam de negócios é usada como ideologia para legitimar o lixo que intencionalmente produzem. Chamam-se a si próprios indústrias e os números publicados sobre os rendimentos dos seus realizadores dissipam quaisquer dúvidas sobre a necessidade social dos seus produtos acabados (95).
Se tivermos em conta a teoria de Horkheimer e Adorno, o poder do capitalismo é tão

grande que os indivíduos estão completamente subjugados à cultura de massas e, por conseguinte, ao cinema, à rádio e às revistas, bem como, atualmente, à televisão e à Internet, que são todos bens publicitários produzidos pelo capitalismo. Além disso, Horkheimer e Adorno afirmam que os filmes já não precisam de se apresentar como arte, porque o capitalismo tornou os cineastas, enquanto artistas, dóceis e dependentes do capital e das partes interessadas. Como resultado, a anterior função do filme como expressão artística, instrumento de educação e entretenimento transformou-se num negócio e numa plataforma para a colocação de produtos. Legitimar produtos através da sua exibição nos filmes, que funcionam como um anúncio audiovisual, é uma estratégia de marketing benéfica para as partes interessadas. Os cineastas dependem do apoio financeiro dos investidores e os cineastas independentes dificilmente podem competir com as grandes empresas de distribuição de filmes, como a Twentieth Century Fox, a Warner Bros. Pictures, a Touchstone Pictures e a Metro Goldwyn Mayer. Por conseguinte, a distinção entre a função artística de um filme e o filme como parte de uma indústria torna-se ténue e reduzida. Por conseguinte, torna-se um negócio.

Significativamente, os cineastas podem até fazer filmes que criticam a indústria cinematográfica ou o capitalismo como sistema, mas para chegarem a um público alargado e utilizarem a tecnologia moderna para rodar o filme, precisam de apoio financeiro; estão submersos neste sistema. Além disso, segundo Horkheimer e Adorno, Hollywood manipula e controla a sociedade americana. As grandes empresas de produção cinematográfica de Hollywood estão a fornecer e a satisfazer os desejos e as necessidades do público, ao mesmo tempo que criam esses desejos, que simultaneamente afirmam estar a satisfazer. A indústria cinematográfica está continuamente a impingir mercadorias indesejadas a uma sociedade crédula (Horkheimer e Adorno 95-96). Como já foi referido, e também de acordo com a editora da revista *Rolling Stone*, Katy Kroll, a manipulação dos espectadores e as estratégias de marketing nos filmes tornaram-se tão generalizadas que o público já nem se apercebe disso. De facto, a estratégia de marketing da colocação de produtos no cinema foi o que inspirou o realizador Derrick Borte de um dos filmes que discuti nesta tese, *The Joneses*. Ele ficou fascinado com o chamado efeito de ondulação causado pela colocação de produtos, que é uma técnica que faz parte do marketing furtivo conspícuo. Este efeito de ondulação é exatamente o que os intervenientes pretendem: fazer com que o público deseje produtos indesejados sem sequer se aperceber do aparecimento desse desejo.

No entanto, há sempre um contra-argumento, que indica, de acordo com o argumento de Horkheimer e Adorno, que a indústria cultural não só manipula o espetador e torna o cineasta dependente de patrocinadores financeiros e partes interessadas, como também cria posições lucrativas. Ou seja, a indústria cinematográfica cria empregos, o que é positivo de certa forma, mas continua a tornar o público dócil, porque as pessoas em geral e os cineastas em particular precisam de dinheiro para viver, funcionar e satisfazer os seus desejos. No entanto, a indústria cinematográfica continua a proporcionar entretenimento e dá aos cineastas a oportunidade de partilharem a sua arte com o público, pelo que se pode argumentar que a "manipulação" também pode ser interpretada de outra forma - talvez como liberdade de escolha. Ou seja, deve haver uma certa fé no julgamento individual quando se discutem os efeitos nocivos da cultura comercial do capitalismo, especialmente sob a forma de cultura de massas. Significativamente, este contra-argumento da liberdade de escolha é enfatizado numa passagem do filme *Thank You for Smoking*, que, como já referi, Kowalski discute no seu livro *Moral Theory at the Movies*. No filme, quando se discutem as preocupações sobre o problema de saúde associado ao tabagismo, uma personagem chamada Jeff Megall, um influente agente de Hollywood, afirma: "Não sou médico... Qualquer informação que exista existe; está lá fora. As pessoas decidirão por si próprias. Não me cabe a mim decidir por elas. Seria moralmente presunçoso" (qtd. in Kowalski 3). Mais importante ainda, a questão é saber de onde vem a informação necessária e como é que pode haver realmente uma escolha quando há pouca diferença entre os produtos disponibilizados ao consumidor ou ao público, quando os produtos são praticamente da mesma indústria e da mesma fábrica ou tecnologia. Além disso, a informação existente está entrelaçada com os pormenores manipuladores que criam desejos. Por exemplo, através de uma campanha da indústria tabaqueira, o filme "*Thank You for Smoking*" diz ao espetador para ter um momento só para si, sentir-se livre e poderoso e fumar um cigarro, ou quebrar o tabu das mulheres que fumam em público ou de todo (Ritman). Simultaneamente, hoje em dia, existe mesmo um aviso na embalagem do cigarro que diz que fumar prejudica a saúde ou pode mesmo levar à morte. Esta estratégia de marketing mostra que as empresas de cigarros confiam no consumidor para agir de forma fiável e responsável, ao mesmo tempo que criam uma sedução e um desejo de fumar.

Segundo Horkheimer e Adorno,

O carácter esquemático deste procedimento [a divisão dos consumidores em função do rendimento] é evidente pelo facto de os produtos mecanicamente diferenciados serem, em última análise, todos iguais. O facto de a diferença entre os modelos da Chrysler e da General Motors ser fundamentalmente ilusória é conhecido por qualquer criança, que fica fascinada por essa mesma diferença. As vantagens e desvantagens debatidas pelos entusiastas servem apenas para perpetuar a aparência de concorrência e de escolha. Não é diferente com as ofertas da Warner Brothers e da Metro Goldwyn Mayer. Mas as diferenças, mesmo entre os produtos mais caros e os mais baratos da mesma empresa, estão a diminuir - ... nos filmes, o número de estrelas é diferente, as despesas gastas em tecnologia, mão de obra e figurinos, ou a utilização das mais recentes fórmulas psicológicas. O padrão unificado de valor consiste no nível de produção conspícua, no montante do investimento exibido. As diferenças de valor orçamentadas na indústria cultural nada têm a ver com diferenças reais, com o significado do próprio produto (Horkheimer e Adorno 97). Nesta passagem, Horkheimer e Adorno afirmam que todos os produtos são iguais no sentido em que são feitos em fábricas diferentes, mas o resultado e a função são os mesmos. As aparências variam, o que entusiasma o consumidor dos produtos a debater as vantagens e desvantagens. Os fabricantes de produtos chegam mesmo a fornecer ao consumidor informações sobre a melhoria do produto e a imprimir notas de advertência em produtos como os cigarros e o álcool. Isto significa que a responsabilidade do consumidor e a sua capacidade de resistir à tentação estão a ser postas em causa. Quando Horkheimer e Adorno se referem à indústria cinematográfica, afirmam que todos os filmes podem ter diferentes estrelas a interpretar diferentes personagens fictícias em várias histórias, mas, em última análise, todos os filmes funcionam como um palco ou uma montra criada pelo capitalismo para a promoção de novos produtos. Por isso, chama-se-lhe indústria.

Além disso, para aplicar a noção de Horkheimer e Adorno sobre "o nível de produção conspícua e o montante de investimento colocado num espetáculo", consultei a *Internet Movie Database* e o serviço de publicação e divulgação de filmes em linha *Box Office Mojo* para discutir os pormenores financeiros dos quatro filmes analisados nesta tese. Como já foi referido, a indústria cinematográfica não só dá lucro como também cria emprego. Para realizar os filmes, há sempre um orçamento estimado com o qual o realizador tem de rodar o filme. Estes valores e o lucro por filme são apresentados no quadro seguinte.

Quadro 1

Título	**Diretor**	**Principal empresa de produção**	**Orçamento disponível $ M**	**Bruto EUA $ M**	**Valor bruto a nível mundial $ M**	**Empregos**
A	*D. Frankel*	*Vigésimo Century Fox*	*35*	*125*	*326*	*441*
B	*D. Borte*	*Echo Lake Productions e Premiere Picture*	*10*	*1*	*7*	*262*
C	*P.J. Hogan*	*Pedra de toque Imagens*	*Desconhecido*	*44*	*64*	*574*
D	*B. Luhrmann*	*Warner Bros. Pictures*	*105*	*141*	*321*	*882*

Fonte: *Internet Movie Database, Box Office Mojo*

A - *O Diabo Veste Prada (2006)*

B - *The Joneses (2009)*

C - *Confissões de uma viciada em compras (2009)*

D - *O Grande Gatsby (2013)*

Estas despesas sumptuosas demonstram a afirmação de Horkheimer e Adorno de que "o padrão unificado de valor consiste no nível de produção conspícua, no montante de investimento exibido". No entanto, parece que quanto mais orçamento é disponibilizado, mais oportunidades de emprego aumentam, mas o montante bruto não é igual à soma dos lucros obtidos. Depois de deduzidos os impostos, os pagamentos aos empregados, as despesas de equipamento, etc., o montante restante pode ser considerado o lucro. No entanto, estes valores variam consoante a frequência com que a produção é transmitida na televisão ou exibida nas salas de cinema. Além disso, de acordo com Horkheimer e Adorno, o valor de um filme depende do "nível de produção conspícua", da quantidade de colocação de produtos ao longo do filme e da quantidade de investimento que é dominado pelas partes interessadas.

Significativamente, os quatro filmes analisados funcionam como um palco para o merchandising. De facto, sem a colocação de produtos, a charada visual dos filmes não existiria. Ou seja, sem os manequins falantes que vestem roupas e acessórios de marca e que, por exemplo, tentam persuadir Rebecca em *Confissões de uma viciada* em compras a comprar todas as roupas novas disponíveis, o que funciona como uma técnica visual para demonstrar que as roupas de marca são imprescindíveis, o filme seria muito diferente e menos eficaz. Outra colocação de produto eficaz e essencial são os "cartões mágicos" de Rebecca: Os cartões de crédito Visa são frequentemente mostrados em grandes planos ao longo do filme como a solução para todos os desejos de Rebecca, mas também como a principal causa das suas fraquezas e problemas. Outros exemplos de colocação de produtos são o computador portátil Apple Macintosh em que Rebecca escreve as suas cartas e editoriais; o Google como a ferramenta que dá resposta a todas as suas perguntas; os famosos sapatos de salto alto vermelhos de Christian Louboutin que "Alicia Bitch Longlegs" usa com um plano de câmara de ângulo baixo, que mostra Alicia como mais poderosa e atraente; Roupa interior cara de Marc Jacobs; mulheres - incluindo Rebecca - constantemente a gritar entusiasticamente por botas e malas Gucci durante os saldos; frigorífico sempre cheio de gelados Ben & Jerry; e muito mais. Mas o momento mais memorável do filme, para além do lenço verde, é quando Rebecca descobre que o seu patrão rico tem um grande gosto pela moda e tem uma mãe que é uma estilista famosa: "Fala Prada?", pergunta a espantada e impressionada Rebecca, ao mesmo tempo que o plano mostra muitas peças de roupa Prada à sua volta, numa loja Prada altamente exclusiva. Este filme é, obviamente, uma plataforma perfeita para promover a indústria da moda. No entanto, *O Diabo Veste Prada* é um filme ainda mais fantasiado de alta costura. Anna Wintour é a editora-chefe da revista *Vogue* americana na vida real e a pessoa que serve de inspiração para a personagem de Miranda Priestly como chefe diabólica (Andreani 53). Wintour disse numa entrevista: "O filme é muito divertido. Qualquer coisa que torne a moda divertida, glamorosa e interessante é maravilhosa para a nossa indústria. Apoiei-o a cem por cento" (YouTube, Wintour). Ao longo do filme, a revista *Runway* representa obviamente a *Vogue*, o que pode ser considerado uma promoção da revista e da sua moda (Frankel, Andreani 53). Para além dos contínuos anúncios e desfiles de moda, muitas outras marcas bem conhecidas são visíveis neste filme, como os computadores Apple Macintosh com grandes ecrãs no escritório e as bebidas diárias de café da Starbucks que Priestly tem de tomar. Ao longo do filme, a marca Starbucks é mencionada em vez de café ou latte e, enquanto Andrea faz as suas tarefas diárias, há sempre um plano que mostra chávenas de café Starbucks com um grande logótipo na janela, ao fundo, enquanto atravessa a rua ou está ao telefone. Para além do café, há garrafas verdes de água da marca italiana San Pellegrino. Além disso, são mostrados regularmente telemóveis Motorola, que pertencem e são

utilizados por Priestly, Andrea e o diretor artístico Nigel. Além disso, há também muitos carros, como o elegante Porsche 911 Carrera
Cabriolet, Mercedes-Benz S-Class e o Sedan Lincoln Town Car no filme (Frankel). Para além dos produtos, há muitos locais no filme que são conhecidos como glamorosos, como a cidade que nunca dorme, Nova Iorque, e *a* cidade da moda do mundo, Paris.

Acima de tudo, é um desfile de moda em que são apresentados e mencionados vários nomes de estilistas populares: Dolce & Gabbana, Calvin Klein, Chanel, Jimmy Choo, Manolo Blahnik, Georges Chakra, Fred Leighton, Vivienne Westwood e, sobretudo, Prada. Significativamente, quando Priestly é conduzida a vários locais, no momento em que sai do carro, o primeiro item que é mostrado em grande plano são os seus sapatos, mais precisamente os stilettos. De cada vez, os sapatos são de um designer diferente, tal como as malas de Priestly, que é, naturalmente, a primeira vez que o público a vê a ir para o escritório da *Runway*, uma mala Prada.

Para além do facto de o título do filme indicar que o "Diabo", sendo Priestly, veste "Prada" e, por isso, tem de ser visto, a dada altura, a usar ou a vestir algum artigo desenhado pela Prada, levanta-se a questão de saber que tipo de valor acrescentam ao enredo os planos diários, em grande plano, da mala e do casaco caídos na secretária de Andrea. Será talvez para mostrar que uma mulher poderosa como Priestly nunca veste uma peça de roupa e usa uma mala mais do que uma vez? Além disso, os vários casacos de pele que Priestly usa são sempre mostrados num plano de câmara à frente, atrás e na parte superior do tronco, mostrando assim todo o conjunto. Simultaneamente, há sempre óculos de sol ou de leitura no rosto de Priestly ou na sua mão perto da boca.
O olhar poderoso que ela dá numa direção ascendente é normalmente depois de ter tirado os óculos Marc Jacobs ou Chanel.

O impacto ou a influência de uma estrela famosa ou de uma personagem poderosa de um filme que usa, utiliza ou até critica um determinado artigo e/ou marca é mais forte para o público do que simplesmente mostrar um produto e nomear o designer que o criou. A estratégia indica que, quando uma personagem ou uma celebridade é desejada e admirada, queremos, consciente ou inconscientemente, identificarmo-nos com essa pessoa e, por conseguinte, queremos parecer-nos com ela ou ter os mesmos bens. A parte mais interessante é que o público nem sempre se apercebe dos pormenores e das comodidades apresentadas ao longo do filme até o realizador acrescentar um momento "aahh". Quer isto dizer que, com raios especiais, planos de câmara em câmara lenta, música suave e, por vezes, momentos de "cair o queixo" de outras personagens, é introduzido um momento "uau". Isto acontece, por exemplo, em *The Devil*, quando Andrea implora ao diretor artístico Nigel que lhe faça uma transformação. No momento em que as portas do armazém nas traseiras do escritório se abrem, as luzes tornam-se mais brilhantes e Andrea tem muitos momentos de "uau" e "aahh" quando vê as várias e glamorosas roupas de marca, sapatos e outros acessórios à sua disposição, peças que ela própria nunca poderia ter comprado. Além disso, o grande momento "aahh" é quando Andrea entra no escritório na manhã seguinte e, em câmara lenta, acena com o seu novo corte de cabelo, tal como num anúncio de champô, enquanto as portas se abrem automaticamente e o público vê os colegas de Andrea a ficarem de queixo caído, seguidos de um olhar impressionado de Priestly. A cena continua com a discussão sobre o novo visual de Andrea, especialmente as suas botas Chanel.

Esta transformação mostra ao público que, se alguém quiser ser admirado e ter um aspeto glamoroso, estas roupas e sapatos de marca ajudá-lo-ão a obter o aspeto que faz cair o queixo das pessoas. Significativamente, é após a transformação de Andrea que esta encontra a forma de impressionar a sua chefe diabólica e deixa de se sentir intimidada pela assistente sénior Emily, com quem tinha de competir constantemente. As roupas do estilista parecem ter-lhe dado um impulso para ativar a sua força interior. Por isso, para manter o patrão satisfeito, ela tem de aparecer com roupas da moda para se manter confiante. Da mesma forma, Rebecca em *Shopaholic* romantiza as compras e o seu vício, dizendo: "Quando faço compras, o mundo fica melhor, e o mundo fica melhor, mas depois não fica, e tenho de o fazer outra vez" (Hogan).

The Devil e *Shopaholic* captam no centro visual a relação entre as mulheres e os seus desejados bens de consumo da moda, que desempenham um papel importante no processo de transformação de raparigas em jovens mulheres fortes e estáveis. Este processo está envolto num espetáculo altamente elegante e glamoroso, que transmite o prazer das mulheres em comprar e possuir bens, especialmente as roupas e sapatos de marca altamente desejáveis. Curiosamente, o espetador não se apercebe de que este espetáculo e estes produtos não acrescentam nada de significativo ao enredo, mas são apenas uma estratégia de marketing, que visa causar um efeito de onda. O filme *The Joneses* capta a essência e as consequências do efeito de onda, ou o ciclo de manipulação, como lhe chamariam Horkheimer e Adorno. Enquanto o filme critica o atual clima económico nos EUA, demonstrando como a América do século XXI "é suscetível aos demónios do materialismo quase inconscientemente", o público está a ser apresentado às estratégias de marketing e ao efeito de ondulação (Justine).

Ao mesmo tempo que critica este sistema de marketing e o seu efeito na sociedade, *The Joneses* está, ironicamente, a influenciar o espetador simultaneamente com uma variedade de bens de consumo, fornecendo assim uma plataforma para a publicidade de produtos que está interligada com o enredo. O filme é um longo anúncio de mercadorias e marcas como comida congelada Chef Rubber, Audi TT, perfume Chanel, cadeiras de massagem, bebidas alcoólicas, produtos para o cabelo, ecrãs de televisão, maquilhagem, cortador de relva, material de golfe, óculos de sol, roupas desportivas e de fantasia, sapatos, aparelhos de jantar, computadores portáteis Dell, jogos, charutos, uma casa de banho de alta tecnologia, iates, decorações para a casa e muitos outros bens.

No entanto, o espetáculo mais luxuoso em que se exibe uma variedade de bens e um estilo de vida glamoroso é o filme de Baz Luhrmann, *O Grande Gatsby*. Com efeitos visuais em 3D, Luhrmann faz com que o espetador quase sinta o brilho das jóias e o tecido dos vestidos glamorosos, e até prove o champanhe e o uísque servidos em copos de luxo. Os bens materiais enfatizam significativamente a riqueza das pessoas nos loucos anos vinte. Em contraste com a afirmação de Demi Moore,

depois de filmar *The Joneses*, de que não há nada de errado com o desejo de ter coisas bonitas, mas que ninguém deve colocar isso como medida do valor de si próprio, *The*
O Grande Gatsby torna claro que "o que se é" é, de facto, "as coisas que se têm" (Justine). Não era apenas o caso nos anos 20, mas também atualmente. A riqueza e as posses das pessoas separam-nas em várias classes financeiras e sociais de uma sociedade capitalista, o que é espetacularmente captado neste filme.

Enquanto Luhrmann tenta captar no ecrã aquilo que F. Scott Fitzgerald criticou no seu romance, ou seja, a cegueira da sociedade perante a natureza enganadora da ideologia mercantilizada do sonho americano, o filme centra-se na opulência e no poder dos Buchanans e de Gatsby, que são demonstrados através de uma variedade de bens: roupas do mais fino tecido, como a caxemira, jóias conspícuas, especialmente pérolas, fatos e smokings, suspensórios e laços, chapéus, muito pelo em qualquer forma de vestuário, vestidos e vestidos brilhantes e coloridos, elegantes cigarreiras e charutos, comida cara e aperitivos e iguarias elegantes, como macarons, e carros caros, incluindo o Ford amarelo de Gatsby. Os momentos mais espectaculares do filme são a cena do *Mounlin Rouge* e as elaboradas cenas de festa na mansão de Gatsby, com fogo de artifício, espectáculos, trajes, música jazz, grandes multidões e champanhe. Por conseguinte, os efeitos visuais, a música, a exibição de mercadorias em cenários apelativos e as personagens admiráveis destinam-se a impressionar grandemente o espetador. De acordo com a teoria de Horkheimer e Adorno sobre a indústria cultural, "A experiência familiar do espetador de cinema, que percebe a rua lá fora como uma continuação do filme que acabou de sair, porque o filme procura estritamente reproduzir o mundo da perceção quotidiana, tornou-se a diretriz da produção. Quanto mais densa e completamente as suas técnicas duplicam os objectos empíricos, mais facilmente se cria a ilusão de que o mundo lá fora é uma extensão contínua daquele que foi revelado no cinema" (Horkheimer e Adorno 99).

A identificação do filme com a realidade não é assim tão difícil, uma vez que, normalmente, são utilizados locais existentes para filmar cenas ou as semelhanças entre os cenários e os locais da vida real são óbvias. Mais desafiante e surpreendente é a mercadoria disponível para o consumidor e espetador no momento em que o público sai do cinema. Os bens de consumo exigem a atenção da sociedade através de anúncios ou comerciais em toda a cidade, em outdoors e centros comerciais, na estrada, nos transportes e em meios de comunicação como a televisão.

Quando o realizador Derrick Borte foi questionado numa entrevista sobre o que esperava deixar ao público de *The Joneses*, respondeu: "O desejo de falar sobre qualquer coisa que tenham aprendido com o filme. Não quero impor uma mensagem a ninguém. Pessoas diferentes tiram coisas diferentes do filme - se querem falar sobre isso, é isso que me deixa feliz" (Justine). Esta é uma expetativa boa, mas baixa, devido ao facto de o público ter sempre algo a dizer sobre um filme. No caso deste filme em particular, porque o filme critica a atual sociedade de consumo na América e mostra que as aparências nem sempre são o que parecem. Para além disso, demonstra quem são realmente as personagens por baixo do verniz glamoroso do consumismo. O ponto mais óbvio a salientar é o facto de o filme ser, do princípio ao fim, sobre bens de luxo que trazem felicidade à vida das pessoas.

Independentemente de qualquer possível reação ou comentário ao filme por parte do público e da crítica, a questão é que o público mal tem oportunidade de pensar na crítica do realizador ou na mensagem do filme, porque os produtos da indústria cultural num sistema capitalista impedem o espetador de ter uma visão crítica.

Qualquer pessoa que esteja tão absorvida pelo mundo do filme, pelo gesto, pela imagem e pela palavra, que seja incapaz de fornecer aquilo que, à partida, teria feito dele um mundo, não precisa de estar inteiramente transfixada por operações especiais da maquinaria no momento da representação. As qualidades de atenção exigidas tornaram-se tão familiares a partir de outros filmes e outros produtos culturais já conhecidos que aparecem automaticamente. O poder da sociedade industrial é impresso nas pessoas de uma vez por todas. Os produtos da indústria cultural são tais que podem ser consumidos com atenção mesmo em estado de distração (Horkheimer e Adorno 100).

Assim, a distração do consumo constante como atividade da indústria cultural impede a sociedade de expandir a mente e de ter uma visão crítica, e de estar consciente das influências que o cinema, enquanto produto do capitalismo, tem na vida real.

Ironicamente, porque o cinema faz parte do ciclo de manipulação da indústria cultural e, como explicado anteriormente neste capítulo, funciona como um instrumento educacional, ensina lições ou fornece mensagens morais sobre a vida e as formas de obter felicidade. No entanto, as mensagens que os quatro filmes analisados transmitem são diferentes entre si e, ao mesmo tempo, iguais. Embora cada filme tenha o seu próprio desenvolvimento de enredo e final, a sua mensagem é basicamente a mesma: alcançar ou obter a felicidade é o objetivo final. Mas a questão é saber o que é a felicidade e segundo que critérios se define a felicidade. De acordo com Aristóteles,

Verbalmente, há uma concordância muito geral; pois tanto a maioria dos homens quanto as pessoas de refinamento superior dizem que é felicidade, e identificam viver bem e fazer bem com ser feliz; mas no que diz respeito ao que é felicidade, eles diferem, e os muitos não dão o mesmo relato que os sábios. Os primeiros pensam que é alguma coisa simples e óbvia, como o prazer, a riqueza ou a honra; diferem, no entanto, uns dos outros - e muitas vezes até o mesmo homem identifica-a com coisas diferentes, com a saúde quando está doente, com a riqueza quando é pobre; mas, conscientes da sua ignorância, admiram aqueles que proclamam algum grande ideal que está acima da sua compreensão (Aristóteles, *Livro I*, 4).

Além disso, afirma que a felicidade parece resultar da virtude, e há quem pareça identificar ambas, "uns com a sabedoria prática, outros com uma espécie de sabedoria filosófica, outros acrescentam ou excluem o prazer e outros ainda incluem a prosperidade. Concordamos com aqueles que identificam a felicidade com a virtude, pois a virtude pertence ao comportamento virtuoso e a virtude só é conhecida pelos seus actos" (Aristóteles, *Livro I*, 8).

Um exemplo de um ato virtuoso em *The Devil* é a dedicação e o trabalho árduo de Andrea, que se traduzirá na apreciação e reconhecimento de Priestly e resultará em melhores oportunidades de carreira para Andrea, mas não no ramo que ela esperava e não nas circunstâncias que prejudicarão a sua vida pessoal. A lição deste filme é que não nos devemos distrair do nosso objetivo principal. Há muitas lições a aprender com este filme, especialmente como lidar com um empregador exigente e encontrar um equilíbrio entre trabalho, amor e tempo para a família e amigos. No entanto, ao longo do filme, há um medo feminino que é central. Andrea apercebe-se de que demasiada ambição e poder, representados por Priestly e quase pela própria Andrea no final, destruirão qualquer hipótese de amor. A mensagem é que uma relação amorosa é incompatível com uma carreira de sucesso. Esta lição é falsa, no sentido em que há mulheres na vida real que conseguem conciliar o amor com uma carreira. Caso contrário, todas as mulheres podem acabar como Priestly, que tem uma carreira poderosa e de sucesso, mas está sozinho, ou como Andrea, que não consegue manter as duas vidas. Isto indica que as mulheres têm de encontrar a felicidade pessoal ou acabar sozinhas mas com uma carreira.

A mesma mensagem aplica-se à personagem de Demi Moore, Kate Jones, que está obcecada em alcançar um estatuto de "ícone" como gestora de marketing da sua equipa de marketing furtivo. A posição mais elevada que os profissionais de marketing podem alcançar é o estatuto de "ícone". Enquanto o sonho e o objetivo de Kate é alcançar uma carreira de prestígio, perde uma oportunidade de amor verdadeiro com o seu colega de equipa Steve, que se apaixonou por ela. No entanto, Kate não se permite reconhecer os seus sentimentos e, por isso, adia qualquer hipótese de felicidade. Mais uma vez, a mensagem parece ser a de que as mulheres têm de escolher entre o amor e a carreira.

Significativamente, depois de muitas lutas, Rebecca tem de facto a capacidade de combinar uma carreira e uma vida amorosa. No entanto,
À primeira vista, a lição de moral de *Shopaholic* indica que gastar demasiado dinheiro tem consequências e que o crédito pode ser desastroso se se gastar mais do que se tem. Rebecca tenta cumprir e copiar as imagens idealizadas e as aparências da moda que a revista *Alette* e as lojas de compras promovem, mas isso resulta em dívidas, o que acaba por a levar a perceber que os valores monetários e, especialmente, as roupas e acessórios de marca não a fazem feliz nem contribuem para a sua autoestima. Percebe também que o facto de não ter dívidas e não trabalhar para a revista *Alette*, o "emprego pelo qual um milhão de raparigas mataria", lhe dará uma oportunidade de amor e outras oportunidades profissionais.

Além disso, o ato virtuoso do filme é a honestidade de Rebecca e o facto de admitir as suas falhas e mentiras. A lição de moral do filme é minada na última cena do filme, quando Luke, o namorado e patrão de Rebecca, lhe devolve o lenço verde porque é "um lenço desesperadamente importante" (Hogan). Esta última cena indica que esta peça de vestuário pode ser considerada uma parte essencial da identidade de Rebecca. O lenço e o que ele representava, que era uma imagem criada pela própria Rebecca e apoiada pela revista financeira para a qual escrevia editoriais como "a rapariga do lenço verde", é romantizado na cena final, tal como Rebecca fez ao longo do filme, e que foi a causa dos seus problemas em primeiro lugar. Por conseguinte, há uma mensagem mista no filme, porque esta comédia romântica precisava de um final feliz. De acordo com Demi Moore, "o que tu és não são as coisas que tens" (J.C. Justine). Estes filmes promovem o consumismo ao longo do

filme, mas no final dão ao público uma moral
lição, para que talvez possam aprender com a experiência e os erros da personagem.

O Grande Gatsby sugere que as mercadorias e o consumo conspícuo definiam os indivíduos na década de 1920. Curiosamente, neste filme são apresentados mais actos imorais do que virtuosos. No entanto, é exatamente essa a mensagem: os novos milionários desta época são vulgares e carecem de graça e elegância social. São materialmente ricos, mas social e psicologicamente empobrecidos. A obsessão de Gatsby em conquistar o amor de Daisy através da riqueza torna-o desesperado e, por isso, envolve-se em negócios corruptos. Por fim, o seu sonho acaba em tragédia. A mensagem não é apenas que o amor nos torna cegos, mas também a riqueza e as posses monetárias. Tanto o romance como o filme demonstram que, para Gatsby, o sonho americano de enriquecer e as suas tentativas de conquistar o amor de Daisy não eram um sonho, mas uma realidade, apesar de a sua riqueza não ter conduzido ao amor de Daisy no final. No entanto, quando um rapaz de dezassete anos muda de nome e se dedica a atingir os seus objectivos, isso pode ser considerado um ato virtuoso, porque ele está concentrado e é fiel a essa conceção. Foi o preço que estava disposto a pagar para atingir o seu objetivo que o levou a agir de forma imoral. Entretanto, Daisy tornou-se uma pessoa ingénua que gosta de ser admirada e servida, e é atraída por um estilo de vida rico. Agora que Gatsby tem dinheiro, parece que é capaz de a conquistar e de repetir o seu passado. No entanto, Daisy acaba por ser mais atraída por uma vida materialista do que pelo amor de Gatsby. Além disso, recusa-se a assumir a responsabilidade pela morte de Myrtle. No geral, o
A mensagem sugere que as aparências podem enganar e que o materialismo torna as pessoas egoístas. É aceitável ter um sonho, um objetivo, mas os sacrifícios que se fazem têm de ser virtuosos.

Em conclusão, os filmes pretendem criticar e condenar a atual sociedade materialista, que seduz os indivíduos para um estilo de vida materialista, mas que conduz ao empobrecimento mental e espiritual. Ironicamente, a indústria cinematográfica em geral e estes quatro filmes em particular estão, à primeira vista, a proporcionar entretenimento e lições de moral, enquanto ao longo dos filmes um estilo de vida materialista, através de bens de luxo e roupas e acessórios de marca, é publicitado como glamoroso e apelativo. Estas mensagens morais, bem como os estilos de vida glamorizados e os produtos promovidos ao longo dos filmes, são impostos ao público, o que é considerado como parte do ciclo de manipulação da indústria cultural do capitalismo.

As passagens do filme *Obrigado por Fumar* analisadas neste capítulo ilustram que fumar é um hábito geralmente conhecido como nocivo e mau. No entanto, mesmo quando as pessoas estão conscientes das consequências do consumo de tabaco, sobre as quais são informadas pelos fabricantes, e desaprovam as crianças, elas gostam de o fazer e tornaram-no um hábito. Pode concluir-se que estes fumadores não conseguiram resistir à tentação antes de se tornarem dependentes do tabaco ou que os educadores não conseguiram informá-los ou convencê-los de que fumar é prejudicial. Como salienta o personagem Nick em *Smoking*, o seu trabalho não tem a ver com moralidade, mas com a capacidade de persuadir as pessoas. Ou seja, os fabricantes podem tornar os cigarros e as suas embalagens tão apelativos que, com anúncios convincentes e sedutores, os argumentos para fumar parecem razoáveis e moralmente aceitáveis: toda a gente merece "ter um momento para si próprio e sentir-se livre e poderoso enquanto fuma um cigarro". O mesmo argumento pode ser feito em relação a qualquer produto. Assim, o capitalismo em geral e a indústria cinematográfica em particular têm a capacidade de argumentar de forma persuasiva e, por isso, a sua mensagem não pode ser facilmente considerada errada. Uma vez que os filmes são considerados instrumentos influentes e educativos, e os realizadores têm a capacidade e o conhecimento para argumentar e defender um ponto de vista, podem fazer com que quase tudo pareça razoável e moral, convencendo assim o público e o consumidor. Resta saber se deve haver limites morais para comportamentos e princípios que podem ser prejudiciais. Assim, será que os filmes que promovem sobretudo o consumismo e os estilos de vida luxuosos como meio de felicidade precisam de limites e de restrições éticas? Mais importante ainda, qual o educador que pode ser considerado moralmente responsável e capaz de determinar esses limites, uma vez que, segundo Aristóteles, a moral e a virtude são valores que mudam e se desenvolvem e precisam de ser praticados ao longo do tempo, e antes de um indivíduo criar hábitos destas competências, segue a orientação de educadores como os pais, os professores da escola, os livros e, atualmente, também os programas de televisão, os filmes, a Internet, as revistas e até os anúncios publicitários. Por fim, é importante desenvolver uma consciência crítica para percebermos quem são os nossos educadores, o que educam e o que pode ser considerado uma orientação moral.

Os quatro filmes analisados nesta tese, para além de serem divertidos, também ensinam lições contraditórias.

Conclusão

A distinção entre visão e ilusão

Esta tese debruçou-se criticamente sobre a promessa e o mito do sonho americano que é perpetuado através dos meios de comunicação social, em particular por Hollywood, como parte da cultura comercial do capitalismo. Analisando a conceção do sonho americano das personagens principais em *O Grande Gatsby* (2013), *O Diabo Veste Prada* (2006), *The Joneses* (2009) e *Confissões de uma Shopaholic* (2009), esta tese discutiu os efeitos nocivos que o sonho americano pode ter quando a distinção entre uma visão e uma ilusão se desvanece.

Tal como referi na introdução, a estratégia de Edward Bernays de controlo das massas teve uma grande influência no desenvolvimento da cultura de consumo americana. Ao chamar a atenção da sociedade americana para a ligação emocional que os consumidores podem ter com um produto ou serviço, Bernays ajudou as empresas americanas a promover os bens não só como funcionais e práticos, mas também como desejáveis. Esta manipulação tornou-se predominante na cultura americana contemporânea e, como consequência, os desejos das pessoas acabaram por se sobrepor às suas necessidades. Além disso, tal como Thorstein Veblen foi um dos primeiros a reconhecer, o consumo e o lazer conspícuos são apenas uma forma de ostentação de estatuto e, por isso, desnecessários. A análise inicial de Veblen sobre a sociedade industrial provou ser exacta ao longo do século XX.

A emergência de uma sociedade de consumo alterou profundamente as noções do sonho americano. A visão ética de uma vida de trabalho árduo e de serviço público, sintetizada nas narrativas de vida de Benjamin Franklin e Abraham Lincoln, foi substituída pelo sonho americano de enriquecimento materialista e, como diria Veblen, de exibição desnecessária de estatuto. Os quatro filmes analisados no capítulo 3 criticam o sonho americano contemporâneo de um estilo de vida glamoroso e materialista, cuja principal caraterística é o consumo conspícuo. As personagens principais dos quatro filmes são retratadas como tão ingénuas e cegas pelos seus sonhos vazios e pelo seu estilo de vida glamoroso que não se apercebem de que o dinheiro, o materialismo e o estatuto não lhes podem trazer felicidade. Os quatro filmes sugerem que o consumismo pode ter consequências perigosas quando a posse de bens materiais se torna a medida do valor e da autoestima de uma pessoa. No entanto, esta tese demonstrou que existe uma contradição nas mensagens que os filmes transmitem. As mensagens morais dos filmes são minadas pelo estilo de vida glamoroso que promovem, juntamente com a publicidade a marcas e bens de consumo ao longo dos filmes. Este conflito expõe o facto de a própria indústria cinematográfica ser um produto do capitalismo e perpetuá-lo, ganhando dinheiro através da publicidade.

Eu não iria tão longe como Horkheimer e Adorno quando afirmam que a indústria cinematográfica manipula e controla o público americano, no sentido em que a indústria faz parte de uma conspiração, mas a minha análise mostrou que a sociedade americana adopta facilmente todos os bens ou estilos de vida que o sistema capitalista promove através dos meios de comunicação social, incluindo o cinema. O sistema capitalista utiliza a publicidade, Hollywood, actores e até figuras políticas, que são apresentadas como modelos a seguir, para criar desejos que afirma estarem a ser satisfeitos. Tudo isto é envolto em termos da busca do sonho americano com a sua promessa de felicidade pessoal. Por um lado, os meios de comunicação social sugerem que o sonho americano pode ser realizado através de trabalho árduo, perseverança e individualismo disciplinado, como exemplificado pelas histórias de vida de Franklin e Lincoln. No entanto, esta visão ética de uma vida virtuosa entra em conflito com a promoção simultânea, pelos meios de comunicação social, da ilusão de que o consumismo conduzirá à felicidade. O sonho americano de enriquecimento materialista é um processo interminável, porque nunca se pode possuir bens suficientes que, segundo os media, estão na moda e são indispensáveis. Por conseguinte, o desejo criado nunca é satisfeito.

Significativamente, o sistema capitalista está tão profundamente enraizado na cultura americana contemporânea que, a dada altura, tornou toda a gente dócil e consumidora. Mesmo um cineasta que pretenda entreter, educar, iluminar e inspirar o público, ou mesmo criticar e satirizar determinadas questões, está financeiramente dependente de investidores, patrocinadores e anunciantes que possam fornecer o financiamento para a produção e distribuição do filme. Em segundo lugar, o cineasta também depende dos espectadores para consumir o filme como um produto. Por conseguinte, os cineastas fazem parte de uma indústria. F. Scott Fitzgerald perguntou uma vez: "Hollywood não é uma lixeira - no sentido humano da palavra? Uma cidade hedionda, cheia de espírito humano num novo nível de degradação.... Isto não é arte, é uma indústria" (qtd. in Phillips xix). O principal objetivo desta tese não é apenas criticar a indústria cinematográfica por fazer parte de um ciclo manipulador do capitalismo em que o espetador é persuadido a desejar e a comprar os bens que estão a ser publicitados nos filmes como a derradeira forma de obter felicidade, mas, mais importante, é também sensibilizar para esta manipulação.

A indústria cinematográfica, em particular Hollywood, é uma agência de grande influência que praticamente dita a sociedade. Este tremendo impacto foi integrado de tal forma que afecta de forma impercetível a vida das pessoas e os indivíduos assimilam inconscientemente qualquer tipo de estilo de vida que a indústria promove com a promessa de obter felicidade e satisfação permanente. Segundo Jacob Needleman, "o que antes eram princípios morais, considerados como fins últimos, para os quais a segurança material era apenas um meio, transformaram-se em instrumentos da ilusão americana de felicidade materialista". Esta ilusão americana tem sido apresentada como a "boa vida" e como um chamariz para o mundo capitalista moderno. Para promover, proteger e alargar este sistema, a publicidade, a comunicação e a tecnologia dos media são utilizadas como agências (Needleman 25). Assim, a busca da felicidade decaiu e transformou-se de uma visão de objectivos idealistas na ilusão de ambições materialistas.

A consciencialização da sociedade americana é vital, pois, para despertar de uma fantasia, é preciso reconhecer a diferença entre um sonho e uma ambição, uma ilusão e uma visão, um enriquecimento materialista e uma valorização espiritual e ética. Para alcançar esta consciência, é importante descobrir, segundo Needleman, que "a visão dos Fundadores [Founding Fathers] pode ser vista como enraizada numa verdade espantosa e intemporal sobre o homem: nomeadamente, que *a essência do homem é a felicidade e o amor* e que esta essência se destina a servir a realidade mais elevada (chamem-lhe 'Deus') servindo o próximo. Numa palavra, a felicidade humana é literalmente - *quimicamente* - inseparável da preocupação com os outros. O homem foi feito para servir, foi feito para dar. Qualquer coisa que se afaste desta verdade é, para o homem, o caminho para o "inferno". E qualquer coisa que se aproxime disso é o caminho para o 'céu'" (Needleman 35). Esta observação, talvez demasiado religiosa, é semelhante ao argumento de Alexis de Tocqueville sobre o individualismo. Tal como referido no segundo capítulo, Tocqueville descreve o individualismo como "um sentimento maduro e calmo"; no entanto, também argumenta que "no início, [o individualismo] apenas mina as virtudes da vida pública; mas, a longo prazo, ataca e destrói todas as outras, e acaba por ser absorvido pelo egoísmo puro e simples" (Tocqueville 119, 120). Já na sociedade americana do século XIX, Tocqueville notou a ascensão do materialismo que mais tarde veio a dominar o sonho americano, que ele considera uma doença perigosa que provoca a cobiça nas pessoas.

Por fim, o reconhecimento do sonho americano passa pelo reconhecimento da realidade e, segundo Cullen, não existe um sonho americano, mas vários. O seu atrativo reside na sua variedade. A descrição de Adams do sonho americano como "o sonho de uma terra em que a vida deveria ser melhor, mais rica e mais plena para cada homem" parece ambiciosa e esperançosa, mas o que poderia ser considerado "melhor, mais rico e mais pleno"? Embora existam muitas respostas possíveis, a definição contemporânea de uma vida melhor parece estar relacionada com a riqueza e o dinheiro. No entanto, houve e há outras definições, como a igualdade racial, o direito de voto, as oportunidades de educação, a reforma política, a expressão sexual e a igualdade de género, a liberdade de imprensa, a liberdade religiosa, etc. Estas noções e respostas foram-se alterando ao longo do tempo. Como diz Cullen, "a ambiguidade é a fonte do poder mítico do sonho americano" (7). A sua inatingibilidade parece ser o que leva os indivíduos a continuarem a perseguir o sonho, mas é muito importante questionar o preço que cada um está disposto a pagar pelo seu sucesso e felicidade, seja por que meio for. Esta tese demonstrou que os meios de comunicação social são a principal fonte do poder mítico do sonho americano, com especial ênfase na palavra mítico, ou seja, não real.

Assim, é irónico que os quatro filmes sugiram que o consumo conspícuo leva à corrosão da vida americana, ao mesmo tempo que promovem e publicitam um estilo de vida glamoroso que equipara o consumo e a ostentação de bens ao sucesso e à felicidade. Assim, acabam por reforçar a cultura de consumo e perpetuar o mito excepcionalista do sonho americano. No entanto, é significativo que, apesar das suas mensagens contraditórias, os filmes estejam a mostrar um espelho ao espetador. Esta reflexão pode consciencializar o espetador para o ciclo manipulador e aprisionador do capitalismo, discutido no capítulo quatro. No entanto, é questionável até que ponto este espelho mudará a visão do público sobre o capitalismo.

No entanto, esta é talvez uma questão de investigação para uma tese posterior, uma vez que seria interessante investigar qual a parte do filme que tem mais impacto: os primeiros oitenta minutos de um filme de cerca de noventa minutos que promove um determinado estilo de vida como sendo o sonho americano ou os últimos dez minutos do filme em que é ensinada ao espetador uma lição de moral que pode levar à condenação desse estilo de vida "ideal".

No entanto, tendo em conta a pouca liberdade de escolha de que se dispõe, é previsível que esta consciência seja limitada, pois assim que os espectadores saem do teatro são imediatamente confrontados com uma variedade de bens sedutores que são fornecidos pelo capitalismo. Assim, os espectadores são constantemente desafiados a resistir à tentação de comprar bens desnecessários e talvez a perguntar a si próprios se possuir as mercadorias expostas e publicitadas na zona comercial e na cidade pode proporcionar felicidade ou apenas uma satisfação temporária. Isto não significa que se deva vilipendiar as compras ou deixar de comprar bens porque estes proporcionam prazer ou porque um filme promove um certo estilo de vida glamoroso e materialista como sendo o sonho americano e uma vida feliz. Esta tese sugere que devemos desenvolver uma consciência crítica para compreender porquê, para quê e talvez como consumimos e, mais importante ainda, que tipo de estilo de vida conduz realmente à verdadeira satisfação e felicidade. Simultaneamente, devemos estar conscientes da enorme influência que a indústria cinematográfica tem nas nossas vidas e na criação dos nossos sonhos e ambições.

Trabalhos citados

19th Emenda à Constituição dos EUA: Direito de voto das mulheres (1920). *Os nossos documentos*. 2 de junho de 2013. <http://www.ourdocuments.gov/doc.php?flash=true&doc=63>.

Adams, James Truslow. *The Epic of America [A Epopeia da América]*. New York: Little, Brown, 1959.

Andriani, Lynn. "O Diabo Veste Prada e o Escritor Veste... Dior?" *Publishers Weekly*, 17 de março de 2003.

Aristóteles. *Ética a Nicómaco*. Adelaide: A Universidade de Adelaide. 2013. 18 de junho de 2013. <http://ebooks.adelaide.edu.au/a/aristotle/nicomachean/index.html>.

Bahloul, Maher e Carolyn Graham. *Luz! Câmara! Ação e o Cérebro: The Use of Film in Education*. Newcastle: Cambridge Scholars Publishing, 2012.

Barbara Walters entrevista Anna Wintour, da revista Vogue. *YouTube*. 2005. 30 de junho de 2013. < http://www.youtube.com/watch?v=EEkmKyBzDOE>.

Barger, Lilian Calles. "Backlash: From *Nine to Five* to *The Devil Wears Prada*". *Women's Studies 40* (2011): 336-350.

Bergen-Aurand, Brian. "Film ethics". *New Review of Film and Television Studies 7* (2009): 459-470.

Berger, Asa Arthur. *Ads, Fads, and Consumer Culture: Advertising's Impact on American Character and Society [O Impacto da Publicidade no Carácter e na Sociedade Americana]*. Plymouth, MA: Rowman and Littlefield, 2011.

Bonca, Cornel. ""Bliss Unending": Why Luhrmann's Dangerously Romantic Take On Gatsby Works". *Los Angeles Review of Books*. 6 de junho de 2013. 2 de novembro de 2013. <https://lareviewofbooks.org/essay/bliss-unending-why-luhrmanns- dangerously-romantic-take-on-gatsby-works>.

Brinkley, Alan. *American History*: A Survey. Vol. 2. Nova York: McGraw-Hill, 1995.

Brooks, Xan, e Henry, Barnes. "Leonardo DiCaprio, Baz Luhrmann e Carey Mulligan em *The Great Gatsby*". Entrevistas em vídeo. *Guardian News and Media*. 16 de maio de 2013. 8 de junho de 2013. <http://www.guardian.co.uk/film/video/2013/may/16/the-great- gatsby-video-interviews-dicaprio-luhrmann>.

Calder, Lendol. *Financing the American Dream: A Cultural History of Consumer Credit [Uma História Cultural do Crédito ao Consumidor]*. Princeton, NJ: Princeton University Press, 1999.

O Século do Eu. Dir. Adam Curtis. BBC Four, 2002.

Conard, Mark. *The Philosophy of Film Noir*. Lexington: The University Press of Kentucky, 2006.

Confissões de uma viciada em compras. Dir. P.J. Hogan. Walt Disney Studios Motion Pictures, 2009.

Confissões de uma viciada em compras. *IMDb*. 1990. 12 de junho de 2013. <http://www.imdb.com/title/tt1093908/>.

Cullen, Jim. *The American Dream [O Sonho Americano]: A Short History of an Idea that Shaped a Nation [O Sonho Americano: Uma Breve História de uma Ideia que Moldou uma Nação]*. Nova York: Oxford University Press, 2003.

David Poland entrevista o realizador Baz Luhrmann. *YouTube*. 2005. 8 de junho de 2013. <http://www.youtube.com/watch?feature=endscreen&v=j2LX8LzC9 Ns&NR=1>.

O Diabo Veste Prada. Dir. David Frankel. Twentieth Century Fox, 2006.

Fahey, William A. *F. Scott Fitzgerald and the American Dream [F. Scott Fitzgerald e o*

Sonho Americano]. New York: Thomas Y. Crowell Co., 1973.

Fitzgerald, F. Scott. *O Grande Gatsby*. Adelaide: Licença Creative Commons. 2013. 2 de novembro de 2013. <http://ebooks.adelaide.edu.aU/f/fitzgerald/f_scott/gatsby/index.html>

Franklin, Benjamin. *The Autobiography of Benjamin Franklin [A Autobiografia de Benjamin Franklin*]. Philadelphia: Universidade Estadual da Pensilvânia, 2013. 2 de novembro de 2013. <http://www2.hn.psu.edu/faculty/jmanis/franklin/a_b_benf.pdf>.

Galbraith, John Kenneth. *The Affluent Society [A Sociedade Afluente*]. Nova York: Houghton Mifflin, 1998.

Giardina, Carolyn, e Adrian Pennington. "'O Grande Gatsby' em 3D: o que observar". *The Hollywood Reporter*. 10 de maio de 2013. 2 de novembro de 2013. <http://edit.hollywoodreporter.com/behind- screen/great-gatsby-3d-what-watch-520873>.

Hogan, Mike. "Baz Luhrmann, diretor de 'Great Gatsby', explica o 3D, o hip hop, o sanatório e muito mais". *Huffington Post*. 13 de maio de 2013. 2 de novembro de 2013. <http://www.huffingtonpost.com/2013/05/13/baz-luhrmann-great-gatsby_n_3265327.html?utm_hp_ref=entertainment>.

O Grande Gatsby. Direção: Baz Luhrmann. Warner Bros. Studios, 2013.

"O Grande Gatsby" (2013). *IMDb*. 1990. 5 de junho de 2013. <http://www.imdb.com/title/tt1343092/?ref_=sr_1>

Horkheimer, Max, e Theodor, Adorno. *Dialética do Iluminismo: Philosophical Fragments.* Stanford, CA: Stanford University Press, 1987.

Illouz, Eva. *Cold Intimacies: The Making of Emotional Capitalism*. Cambridge, Reino Unido: Polity Press, 2007.

Justine J.C. "Entrevista: Demi Moore, David Duchovny, Lauren Hutton e Derrick Borte para *The Joneses*". *Screen Crave*. 2010. 10 de junho de 2013. <http://screencrave.com/2010-04-16/interview-demi- moore-david-duchovny-lauren-hutton-and-derrick-borte-for-the-joneses/>.

Os Jones. Dir. Derrick Borte. Roadside Attractions, 2009.

The Joneses. IMDb. 1990. 20 de junho de 2013. < http://www.imdb.com/title/tt1285309/>.

"The Joneses", trailer. *YouTube*. 2005. 15 de junho de 2013. <http://www.youtube.com/watch?v=n2Y3GoN2PGw>.

Kowalski, Dean. *Moral Theory at the Movies: An Introduction to Ethics [Teoria Moral no Cinema: Uma Introdução à Ética].* Plymouth: Rowman and Littlefield, 2012.

Kroll, Katy. "As Colocações de Produtos Mais Ergonómicas da História do Cinema e da TV". *Rolling Stone*. 2012. 20 de junho de 2013. <http://www.rollingstone.com/movies/pictures/the-most-egregious- product-placements-in-movie-tv-history-20130604>.

Lears, Jackson. *Fables of Abundance: A Cultural History of Advertising in America [Fábulas da Abundância: Uma História Cultural da Publicidade na América].* Nova Iorque: Basic Books, 1994.

Leach, William. *Land of Desire: Merchants, Power and the Rise of New American Culture [Terra do Desejo: Mercadores, Poder e a Ascensão da Nova Cultura Americana].* Nova York: Pantheon, 1993.

Lopate, Phillip. *American Movie Critics: An Anthology from the Silents Until Now [Uma Antologia desde os Silenciosos até Agora].* Nova York: Library of America, 2006.

Mellen, Joan. "Hollywood redescobre a mulher americana". *New York Times*, 23 de abril de 1978.

Needleman, Jacob. *Two Dreams of America [Dois Sonhos da América].* New York:

John Wiley & Sons, Inc., 2003.
Rhodes, Gary D. "The Origin and Development of the American Moving Picture Poster" [A Origem e o Desenvolvimento do Cartaz Americano de Cinema]. *Film History* 19 (2007): 228-246.
Ritman, Alex. "O filme pode ser uma ferramenta educacional útil". *The National.* 2008. 19 de junho de 2013. <http://www.thenational.ae/arts- culture/books/film-can-be-a-useful-educational-tool>.
Stigler, George, e Gary, Becker. "De Gustibus Non Est Disputandum". *American Economic Review* 67 (1977): 76-90.
Obrigado por Fumar. IMDb. 1990. 20 de junho de 2013. < http://www.imdb.com/title/tt0427944/?ref_=ttqt_qt_tt>.
Tocqueville, de Alexis. *Democracy in America* 3. Michigan: Biblioteca da Universidade de Michigan, 2013. 2 de novembro de 2013. <http://books.google.nl/books?id=J3KNXps_H98C&pg=PA297&dq= democracy+in+america+by+alexis+de+tocqueville++dangerous+disease&hl=en&sa=X&ei=8y9oUtuRGeeb1AXqw4GwAw&ved=0CDQQ6AEwAQ#v=onepage&q&f=false>.
Veblen, Thorstein. "The Economic Theory of Woman's Dress." *The Popular Science Monthly* 46 (1894): 198-205.
Veblen, Thorstein. *The Theory of the Leisure Class: An Economic Study in the Evolution of Institutions.* New York: Macmillan, 1899.
Walters, Barbara. "Barbara Walters entrevista Anna Wintour, da revista Vogue." *YouTube.* 2005. 20 de julho de 2013. <http://www.youtube.com/watch?v=EEkmKyBzDOE>
Whitworth, Melissa. "O Diabo tem todos os melhores trajes". *The Daily Telegraph,* 9 de junho de 2006.
Zukin, Sharon. *Point of Purchase: How Shopping Changed American Culture [Como as Compras Mudaram a Cultura Americana].* New York: Routledge. 2005.

Printed by Books on Demand GmbH, Norderstedt / Germany